Vorwort

"Leisten wir uns den Luxus eine eigene Meinung zu haben"
Diese Aussage Otto von Bismarcks ist heute mehr denn je aktuell. In einer Zeit, in der wir seitens der etablierten Politiker als unmündig und unfähig politische Zusammenhänge zu erkennen angesehen werden, und seitens der Massenmedien dementsprechend behandelt werden, ist es heutzutage mehr als je zuvor wichtig, sich diesen Luxus zu gönnen.

Von Massenimigration bis Genderdoktrin, und Social Justice Warriors bis hin zur Unterdrückung der freien Meinungsäußerung. Von der politischen Wirklichkeitsentfremdung, bis hin zur geplanten geistigen Abstumpfung des Volkes, zieht sich die Spur der Entnationalisierung, des Verkümmerns unserer Werte und Traditionen, des systematischen Aufreibens unserer Identität.In diesem Buch gehen wir nicht nur auf die unterschiedlichen Themenbereiche ein, sondern vergleichen auch Fiktion mit Fakten.

Politische Schönfärberei mit der Wirklichkeit des Lebens der Bürger unseres Landes. Propaganda mit wirklichen Geschehnissen. Leisten wir uns diesen Luxus, eine eigene Meinung zu haben. Denken wir selbstständig, und nicht nach den vorgegebenen Mustern, die uns suggeriert werden. Leisten wir uns den Luxus unbequem zu sein...

D1730324

SCHAFFEN WIR DAS?

Die UN Erklärung über Bevölkerungstransfers und die Sesshaftmachung von Siedlern sagt aus:

Artikel 3 ... "Rechtswidrige Bevölkerungstransfers umfassen eine Praxis oder Politik, die den Zweck oder das Ergebnis haben, Menschen in ein Gebiet ... zu verbringen, sei es innerhalb internationaler Grenzen oder über Grenzen hinweg ... ohne die freie und informierte Zustimmung sowohl der umgesiedelten, als auch jeglicher aufnehmenden Bevölkerung."

Artikel 4 ... "Jeder Mensch hat das Recht in Frieden, Sicherheit und Würde in seiner Wohnstätte, in seiner Heimat und in seinem Land zu verbleiben."

Artikel 6 ... "Jedwede Praxis oder Politik, die das Ziel oder den Effekt hat, die demografische Zusammensetzung einer Region ... zu ändern, sei es durch Vertreibung, Umsiedlung und/oder durch die Sesshaftmachung von Siedlern oder eine Kombination davon, ist rechtswidrig."

Der ehemalige US-Präsident Obama prägte im Rennen für das Präsidentschaftsamt den Ausspruch "Yes we can". Als bekennende Freundin Obamas lag es nur nahe, dass die Kanzlerin seinen Wahlspruch auch für den ultimativen Test ihrer Kanzlerschaft anwendete, als sie im August 2015 erstmals den Satz "Wir schaffen das" aussprach.

Dieser Satz, der genauso eng mit ihr verbunden ist, wie 5:45 Uhr mit einem anderen ehemaligen Politiker, wurde zum Synonym ihrer Kanzlerschaft. Mehr noch, er wurde zum Synonym dessen, was sie nicht schaffte, dessen was ihr politisch zum Verhängnis werden sollte und die letzten Jahre ihrer Kanzlerschaft prägen sollte. Auch wenn dieser Satz bereits einige Tage zuvor durch den damaligen Vizekanzler Gabriel in Bezug auf die herannahende Migrationswelle ausgesprochen wurde, so wird er dennoch hauptsächlich mit der Kanzlerin in Verbindung gebracht.

Die Kanzlerin, die diese Worte mehrfach wiederholte, in immer andere Sätze einband und wiederholt anwendete, versuchte damit die Bürger positiv einzustimmen. Positiv gegenüber den zu Hunderttausenden einströmenden Migranten, positiv gegenüber dem, was uns bevorstand.

Unsere Politiker übertrafen sich mit Lobpreisungen für die ankommenden Migranten. Sie würden den Fachkräftemangel der deutschen Wirtschaft beheben, durch sie würde unser Land bunt und weltoffen, sie wären für uns wertvoller als Gold. Doch wie sieht die Realität aus?

Wie viele der Migranten haben tatsächlich eine Arbeit gefunden, wie viele leben von Sozialleistungen? Wie viele haben tatsächlich ein Anrecht darauf, in unserem Land zu leben? Wie wirkt sich ihre Anwesenheit auf die Kriminalstatistik aus?

Wenn man die Zahlen der vergangenen Jahre miteinander vergleicht, dann bemerkt man sehr schnell, dass die versprechen der Politiker allenfalls dürftig waren. Man bemerkt, dass der Fachkräftemangel durch die Migranten weder behoben wurde, noch in irgendeiner Art positiv beeinflusst wurde.

Man bemerkt, dass die Mehrheit von Sozialleistungen lebt, von denen wiederum erhebliche Summen sofort wieder ins Ausland transferiert werden. Man bemerkt, dass die Kriminalstatistiken sich drastisch veränderten. Man bemerkt sehr vieles, wenn man sich die Zeit nimmt, einmal zu recherchieren, statt den Aussagen der Massenmedien zu glauben.

Zunächst muss man definieren, wer eigentlich Migrant ist, und wer Flüchtling. In den ersten zwei Jahren sprachen unsere Politiker und die Massenmedien von einer "Flüchtlingskrise". Man sprach von Familien, die vor Krieg, Verfolgung und Folter flüchten. Inzwischen wird zumindest teilweise der Begriff "Migranten" verwendet.

Der Unterschied zwischen beiden Begriffen ist beachtlich, auch wenn der Wechsel von "Flüchtlingskrise" zu "Migrationskrise" beinahe nonchalant geschah.

Die Genfer Flüchtlingskonvention von 1951, die die Grundlage des internationalen Flüchtlingsrechts darstellt, benutzt einen sehr eng bestimmten Begriff, wer ein Flüchtling ist.

Danach gilt als Flüchtling eine Person, die „... aus der begründeten Furcht vor Verfolgung wegen ihrer Rasse, Religion, Nationalität, Zugehörigkeit zu einer bestimmten sozialen Gruppe oder wegen ihrer politischen Überzeugung sich außerhalb des Landes befindet, dessen Staatsangehörigkeit sie besitzt".

Laut der Genfer Konvention kann ein Flüchtling im Erstaufnahmeland durch spezielle Integrationsmaßnahmen dauerhaft sesshaft werden. Weiterhin kann ein Flüchtling auch in ein Drittland umgesiedelt werden. Hierzu bedarf es jedoch eines Antrages beim UNHCR oder im Zufluchtsstaat.

Es muss auch gegeben sein, dass in absehbarer Zeit eine freiwillige Rückkehr in das Herkunftsland nicht möglich ist, und dass der Flüchtling auch in seinem Erstaufnahmeland wegen Bedrohungen für Leib und Leben oder mangels Aussicht auf ein würdiges Leben nicht bleiben kann.

Zusätzlich muss auf den Flüchtling noch mindestens eine der folgenden Umstände zutreffen, damit er gemäß den UNHCR-Bestimmungen für eine Umsiedlung in ein Drittland vorgeschlagen werden kann.

•Personen mit besonderen rechtlichen und physischen Schutzbedürfnissen
•Überlebende von Gewalt und/oder Folter
•Personen mit besonderem medizinischen Behandlungsbedarf
•Frauen und Mädchen mit besonderen Risikofaktoren
•Personen, deren Familienangehörige sich bereits im Umsiedlungsland befinden
•Flüchtlingskinder und heranwachsende Flüchtlinge mit besonderen Risikofaktoren.

Während man also als Flüchtling generell im Erstaufnahmeland seinen Flüchtlingsstatus beantragen muss, kann man unter Umständen auch in ein anderes Land umgesiedelt werden. Dies ist aber an einige Kriterien gebunden, und ist nicht ohne Weiteres möglich.

Nach der Umsiedlung und der Integration gibt es natürlich noch die dritte Möglichkeit der Rückkehr in das Heimatland. Diese ist laut UNHCR die Ideallösung, die angestrebt werden sollte, wenn die Gegebenheiten im Heimatland wieder ein geregeltes Leben ohne Verfolgung ermöglicht.

Daraus ergeben sich nun einige Fragen. Wie viele der seit 2015 in unser Land geflüchteten Menschen sind wirkliche Flüchtlinge im Sinne der Genfer Konvention? Wie viele dieser Menschen sind in ihrer Heimat Verfolgung ausgesetzt und müssen um Leib und Leben fürchten? Wie viele dieser Menschen sind durch mehrere sichere

Erstaufnahmeländer gereist, um zu uns zu kommen?

Und wie viele dieser Menschen haben den UNHCR-Prozess durchlaufen um in einem Drittland, also hier in Deutschland, angesiedelt zu werden? Wie wurden die Personalien dieser Menschen überprüft? Wie wurde festgestellt, ob diese Menschen die sind, für die sie sich ausgeben, und ob sie eine Gefahr für die allgemeine Sicherheit und Ordnung darstellen?

Versuchen wir, die Fragen zu beantworten ...

Laut Angaben der Bundeszentrale für politische Bildung gab es in den Jahren 2015 bis 2017 insgesamt 1.444.877 Anträge auf Asyl. Die Bundeszentrale weist jedoch bereits auf ihrer Webseite darauf hin, dass zwischen der Ankunft und dem Antrag mehrere Monate vergehen können, und die Zahlen daher nicht unbedingt exakt sein müssen.

Nach einem Bericht der britischen Tageszeitung Daily Mail vom Mai 2017, die sich dabei auf einen Bericht der UN beruft, handelt es sich bei lediglich 2,65 % der bis dahin seit Beginn der Migrationskrise angekommenen Menschen um wirkliche Flüchtlinge gemäß den Regelungen der Genfer Konvention. Somit bleiben 97,35 % Wirtschaftsmigranten, die versuchen, in Europa Fuß zu fassen.

Wenn man diese prozentuale Aufteilung auf die Zahl der gestellten Asylanträge anwendet, so bedeutet das, dass von den zwischen 2015 und Ende 2017 gestellten 1.444.877 Asylanträgen, lediglich 38.290 von wirklichen Flüchtlingen gestellt wurden.

Selbst wenn man bei dieser Zahl eine mehr oder weniger großzügige Fehlerquote mit einberechnet, so würden wir noch immer von lediglich rund 50.000 Flüchtlingen sprechen, nicht von 1,4 Millionen.

Laut den Angaben des Informationsportals der Bundesregierung zur Anerkennung ausländischer Berufsqualifikationen, sowie des Auswärtigen Amtes müssen Menschen, die nicht Staatsbürger der EU, Kanada, Japan, Australien, Neuseeland, der Republik Korea, oder der USA sind, vor ihrer Einreise nach Deutschland in ihrem Heimatland ein Visum beantragen.

Folgt man diesen Richtlinien, und bringt sie in Verbindung mit den zuvor genannten Zahlen (sofern die Zahlen der Bundesbehörden korrekt sind), bedeutet dies, dass zwischen Januar 2015 und Dezember 2017 rund 1,4 Millionen Menschen illegal in die

Bundesrepublik eingereist sind.

Illegale Einreisen werden in Deutschland durch das Aufenthaltsgesetz geregelt. Dort steht in §14, dass die Einreise eines Ausländers (ja das Wort wird dort verwendet) unerlaubt ist, wenn er keinen gültigen Pass besitzt, wenn er kein gültiges Visum besitzt, oder aber wenn das Visum auf illegalen Wegen erschlichen wurde. Eine Ausnahme hiervon gibt es in §11, "... kann dem Ausländer ausnahmsweise erlaubt werden, das Bundesgebiet kurzfristig zu betreten, wenn zwingende Gründe seine Anwesenheit erfordern oder die Versagung der Erlaubnis eine unbillige Härte bedeuten würde."

In §15 wird dann die Zurückweisung geregelt. So heißt es zum Beispiel dort, dass ein Ausländer der unerlaubt einreisen will, an der Grenze zurückgewiesen wird. Eine Ausnahme besteht zum Beispiel, wenn der betreffende einen Asylantrag gestellt hat, solange ihm der Aufenthalt im Bundesgebiet nach den Bestimmungen des Asylgesetzes gestattet ist. Nun stellt sich die Frage, wie viele der zurückzuweisenden 1,4 Millionen bereits einen Asylantrag in Deutschland gestellt hatten, als sie die Grenze überschritten. Nicht einer dürfte man annehmen.

Weiterhin regelt §15, dass Ausländer, die illegal die Grenze passieren wollen, zur Sicherung der Zurückweisung auf richterliche Anordnung in Zurückweisungshaft genommen werden sollen, wenn die Zurückweisung nicht direkt durchführbar ist. Laut §62 kann von der Haft abgesehen werden, wenn der Ausländer glaubhaft macht, dass er sich der Abschiebung nicht entziehen wird.

"...Abweichend von Satz 3 ist die Sicherungshaft bei einem Ausländer, von dem eine erhebliche Gefahr für Leib und Leben Dritter, oder für bedeutende Rechtsgüter der inneren Sicherheit ausgeht, auch dann zulässig, wenn die Abschiebung nicht innerhalb der nächsten drei Monate durchgeführt werden kann."

Bei Menschen, die ohne Papiere in das Bundesgebiet einreisen wollen, kann man keinerlei Überprüfung der Personalien, eventueller krimineller Vorbelastungen oder Ähnlichem vornehmen.

Somit wäre es die Pflicht der Bundesbehörden, zum Schutz der Bevölkerung eben jene, sich illegal in Deutschland aufhaltende, Menschen in Haft zu nehmen. Wäre dies eine gängige Praxis, so wären viele Straftaten nicht geschehen.

Das bringt uns zur Kriminalstatistik.

Im April wurde uns berichtet, dass die Kriminalstatistik rückläufig sei. So seien im Jahr 2017 611.000 Straftaten weniger begangen worden, als im Vorjahr. Dies soll, so berichtete die "Welt", einen Rückgang darstellen, wie er zuletzt vor 25 Jahren beobachtet wurde. Bei den Zahlen des Innenministeriums gibt es jedoch auch widersprüchliches.

So wird zum einen gesagt, dass die Zahl der "Straftaten aus dem rechten Spektrum" deutlich zurückgegangen sei. Andererseits jedoch, wird geäußert, dass eine Zunahme antisemitischer Straftaten zu verzeichnen sei, die wiederum dem rechten Spektrum zuzuordnen seien. Verschiedene Behörden und Nicht-Regierungsorganisationen haben allerdings bereits angemerkt, dass die Polizei sehr oft dazu neigt, antisemitische Taten automatisch dem rechten Spektrum zuzuordnen, statt nach den wahren Tätern zu suchen. Bemerkenswert ist auch die Zunahme an Straftaten aus dem "linken Spektrum". Hier gab es in 2017 beinahe 16 % mehr Gewalttaten, als im Vorjahr.

Das Problem bei der Kriminalstatistik besteht jedoch hauptsächlich darin, dass viele Straftaten gar nicht darin erfasst sind. So fehlen dort zum Beispiel Verstöße gegen Landesgesetze, politisch motivierte Taten und Taten, die als Terrorakte eingestuft sind. Wenn man die Statistik mit den Daten der Staatsanwaltschaften vergleicht, so sieht man, dass rund 20 % der bei den Staatsanwaltschaften erfassten Straftaten in der Kriminalstatistik überhaupt nicht erfasst sind.

Alleine in der Bundesanwaltschaft, die sich mit einem Teil der Terrorermittlungen befasst, stieg die Zahl der Extremismusverfahren von 68 auf 1200. Auch die Zahl der verniedlicht ausgedrückten "Prüffälle Islamismus" verdoppelte sich.

So kann man also im Grunde sagen, dass jeder Islamist das Land etwas sicherer macht, weil durch seine Taten Beamte beschäftigt sind, die an anderen Orten fehlen, und die somit keine anderen Straftaten aufdecken können, was somit wiederum die Kriminalstatistik nach unten reguliert.

Nun setzt sich ja vor allem die AFD, oder eigentlich NUR die AFD dafür ein, dass es beim Zuzug von Migranten Grenzen gibt, dass kriminelle Ausländer abgeschoben werden, und so weiter. Dafür erntet die AFD den Hohn, den Spott und den blanken Hass der anderen Parteien.

Wenn man aber ein paar Jahre zurückblickt, dann sieht man, dass eben jene selben Parteien genau die gleichen Ziele verfolgten. Es gibt unzählige Zitate von Altparteien-Politikern, die Dinge wie Überfremdung, Migration, zu hohe Ausländerzahlen, Asylmissbrauch anklagen.

Dabei sind unter anderem auch so prominente Namen wie Roland Koch, Helmut Kohl, Otto Schily, Gerhard Schröder, Edmund Stoiber und Peter Gauweiler.

Sie alle haben sich in den vergangenen 30 Jahren wiederholt und vehement gegen eine Überfremdung unseres Landes ausgesprochen, gegen den Missbrauch unseres Asylrechtes, und gegen den beginnenden Multikulti-Wahn.

So sagte zum Beispiel Jörg Schönbohm (CDU), dass die Zeit der Gastfreundschaft zu Ende gehe, und dass es schon heute Gegenden gibt, in denen man sich nicht mehr fühlt, wie in Deutschland. Weiterhin sagte er, dass Deutschland kein Einwanderungsland sei.

Georg Kronawitter (SPD) sagte in einem Spiegel-Interview im September 1992, dass Deutschland nicht der Zahlmeister für die ganze Welt sein könne, und er stellte in Frage, ob die Menschen es ruhig hinnehmen würden, wenn man das Land mit Millionen von Ausländern fluten würde.

Otto Schily (ehemals Die Grünen, zur Zeit des Interviews bereits SPD) sagte in einem Interview mit dem Berliner Tagesspiegel 1998, dass die Grenze der Belastbarkeit des Landes, in Bezug auf Zuwanderung, schon überschritten sei.

Bereits 1983 sagte Friedrich Zimmermann (CSU) im Bundestag, dass es nur dann möglich sei, konfliktfrei zusammenzuleben, wenn man die Zahl der Ausländer begrenzt und langfristig vermindert.

Roland Koch (CDU), ehemaliger hessischer Ministerpräsident sagte in einem Interview, dass Hessen (bereits damals) an die Grenzen der Aufnahmefähigkeit gekommen sei, und Ausländer nicht mehr integrierbar seien.

Und natürlich auch Helmut Kohl, der im Wahlkampf 1982 sagte, seine Partei werde die Zahl der Ausländer in Deutschland halbieren. Im Oktober 1992 legte er dann noch einmal nach, als er sagte, dass die Grenze der Belastbarkeit Deutschlands überschritten sei. Wenn man nicht handele, dann würde das eine Vertrauenskrise der

Bürger gegenüber der Politik bedeuten. Man müsse dem Asylmissbrauch einen Riegel vorschieben.

Heinrich Lummer (CDU) sagte dem Berliner Tagesspiegel in einem Interview vom Juni 1998, wenn Ausländer eine Bereicherung darstellten, dann sei Deutschland bereits reich genug. Er führte weiter aus, dass eine Multi-Kulti Gesellschaft eine Konfliktgesellschaft sei und den inneren Frieden gefährdet.

Klaus Bölling (SPD) ehemaliger Regierungssprecher, sagte der Berliner Morgenpost 1998, dass der Fetisch der Multi-Kulti Gesellschaft schon lange Schiffbruch erlitten habe, dass die meisten Türken nie an dieser Sache interessiert gewesen seien, und dass man nur in unserem verklemmten Land auf die Idee kommen könne, an staatlichen Schulen auf Kosten der Steuerzahler Islamunterricht zu erteilen. Abschließend bemerkte er, dass man ja gleich die Mullahs in Beamtenverhältnisse übernehmen könne, und dass die Anhänger von Multi-Kulti noch zu ganz anderen Narreteien aufgelegt seien.

Zu guter Letzt meine absoluten Lieblingsaussagen ...

Gerhard Schröder (SPD), ehemaliger Bundeskanzler, sagte der Bild am Sonntag 1997, dass man bei ertappten ausländischen Straftätern nicht zimperlich sein dürfe. Wer das Gastrecht missbrauche, müsse ohne Wenn und Aber abgeschoben werden.

Und natürlich Christine Ostrowski (PDS - die Vorgängerpartei der Linken), die dem Neuen Deutschland im April 1998 in einem Interview sagte, dass jeder dritte Bauarbeiter im Osten arbeitslos sei, gleichzeitig aber viele ausländische Beschäftigte auf dem Bau arbeiten würden. Man müsse verstehen, dass dies die Bauarbeiter wütend mache. Abschließend sagte sie, dass sie dies keineswegs zu Rassisten oder Nazis mache.

Politiker der Altparteien haben sich in den vergangenen Jahren wieder und wieder negativ geäußert. Zur Überfremdung, zur fehlgeschlagenen Integration, gegen Multikulturalismus, gegen einen Missbrauch des Asylrechts, und für die schnelle Ausweisung straffällig gewordener Ausländer, für eine Begrenzung der Zuwanderung, und für unsere Bevölkerung. Sie haben Verständnis dafür aufgebracht, dass die Bevölkerung der Entwicklung skeptisch, ängstlich und teilweise auch wütend gegenüberstand.

Nur wurden diese Bürger nicht mit Nazis verglichen, sie wurden nicht in die rechte Ecke abgestellt, sie wurden nicht mit Pack, mit asozialen Subjekten oder anderen Beschimpfungen tituliert. Man hat die Sorgen der Bürger, zumindest gegenüber eben jener Öffentlichkeit, ernst genommen. Zumindest hat man sich dahin gehend geäußert.

Heute haben wir einen politischen Einheitsbrei, der sich mehr und mehr links der Mitte aufhält, immer mehr bestrebt ist, unser Land, unser Volk und das, wofür auch die Vorstreiter der heutigen Politiker noch kämpften, zu zersetzen.

Heutzutage haben wir die Altparteien, die sich in einer einzigen Richtung bewegen. Sie fahren im Grunde alle auf der gleichen Schiene, nur die Abteile des Zuges haben unterschiedliche Farben. Und dann haben wir die AFD.

Eine Partei, die es wagt, noch heute im 21 Jahrhundert Dinge zu sagen, die in den vergangenen 30 Jahren von Politikern der Altparteien ebenfalls gesagt wurden. Eben jene Politiker haben für ihre Reden und Interviews Applaus erhalten. Die AFD wird heutzutage, für genau die gleichen Aussagen, als fremdenfeindlich, rassistisch, rechtspopulistisch, und teilweise sogar als rechtsradikal beschimpft.

Wir als Deutsche sollen heutzutage noch toleranter sein. Wir sollen mehr Verständnis dafür aufbringen, dass Migranten eben andere Gepflogenheiten haben als wir. Dass sie andere Sitten und Gebräuche haben als wir. Wir sollen es als Religionsfreiheit ansehen, wenn ein Migrant aufgrund seiner Herkunft und/oder Erziehung eben seine Exfreundin ersticht, weil sie ihn verlassen hat. Das ein Migrant eben nun mal einen Streit mit dem Messer besiegelt, weil er nun mal aus einer anderen Gesellschaft kommt.

Wir sollen es akzeptieren und gut heißen, dass Menschen, die aus einer anderen Kultur kommen eben Mädchen, die nicht einmal 16 sind heiraten dürfen, dass sie mehr als eine Ehefrau haben dürfen, dass sie lieber mit Gewalt diskutieren, als mit Worten. Wir sollen es gutheißen, dass diese Menschen sich nicht an die Gesetze halten müssen, denn sie kennen diese natürlich nicht.

Für wie verblödet halten uns unsere Politiker eigentlich? Auch in den Ländern, aus denen diese Menschen kommen, ist Diebstahl ein Verbrechen.

Nur in deren Heimatländern sieht die Strafe dafür wesentlich härter aus, als bei uns.

Auch in diesen Ländern ist Vergewaltigung strafbar, wie unlängst an dem Urteil gegen eine Gruppe pakistanischer Männer, die gemeinsam zwei Frauen vergewaltigt haben und dafür zum Tode verurteilt wurden, zu sehen ist.

Wir sollen all das akzeptieren, denn wir sind Teil einer Willkommenskultur. Wir werfen mit Teddybären und freuen uns, dass unser Land bunt wird. Wir sollen auf keinen Fall eine andere Meinung haben. Sich wegen Verbrechen aufzuregen, die von Migranten vergangen wurden, ist nicht politisch korrekt. Man ist dann ein Rassist, der sich ja nur aufregt, weil der Täter ein Migrant war. Wenn der Täter ein Deutscher wäre, dann würde man sich nicht aufregen.

Doch! Ich verachte Menschen wie S.Letter, den sogenannten Todesengel von Sonthofen, der 29 Patienten ermordete. Volker Eckert, ein Fernfahrer, der mindestens neun Frauen ermordet hat. Joachim Kroll, der mindestens 14 Menschen, meist Kinder und Frauen ermordet und teilweise verspeist hat. Jürgen Bartsch, der in den 60er Jahren mehrere Kinder sexuell missbrauchte und anschließend ermordete.

Ich verachte Vergewaltiger, Menschen die Frauen oder Kinder schlagen, sie sexuell belästigen. Ich habe keine Sympathie für Menschen, die sich in irgendeiner Art an wehrlosen, alten, kranken oder schwachen vergehen. Egal welcher Herkunft, Religion oder ethnischer Abstammung diese Menschen sind!

Es kann und darf aber nicht sein, dass wir Menschen, die nicht deutscher Herkunft sind, in unser Land lassen, damit sie hier Straftaten begehen. Und in diesem Sinne schließe ich mich Herrn Schröder an, der vor nicht einmal zwanzig Jahren sagte, dass kriminelle Ausländer sofort und ohne Umschweife abgeschoben werden müssen.

Unser Staat darf ausländischen Kriminellen keine Möglichkeit geben, gegen Ausweisungen Einspruch zu erheben, dagegen zu prozessieren, die Abschiebung jahrelang in Verwaltungsakten zu behindern, oder gar zu verhindern, weil man "krank" ist, oder weil einem angeblich in der Heimat Verfolgung drohe.

Wer in unser Land kommt und wirklich in seiner Heimat der Gefahr einer Verfolgung oder Folter ausgesetzt ist, der soll sich vorher Gedanken darüber machen, wie er sich in dem Land, das ihn mit offenen Armen empfangen hat, verhält!

Man kann nicht in ein anderes Land einreisen, ,vorgeben, dass man aufgrund welcher Umstände auch immer verfolgt wird, und sich dann im Gastland benehmen wie ein wildes Tier auf Beutefang. Solch ein Benehmen darf nicht toleriert werden. Hier muss der Staat schnell und unbürokratisch reagieren.

Nach den Ausschreitungen von Chemnitz wurde innerhalb von zwei Wochen ein junger Mann zu acht Monaten auf Bewährung verurteilt, weil er den Hitlergruß gezeigt hat.

Nun stimme ich nicht zu, diesen zu zeigen, denn es ist nun mal ein Relikt aus einer Zeit, die nicht zu unseren guten Zeiten gehört, und es sind eine Vielzahl von abscheulichen Dingen damit verbunden.

Aber dieses Urteil zeigt, dass ein Verfahren innerhalb von zwei Wochen abgehandelt werden kann. Eben so muss es auch mit straffälligen Ausländern geschehen. Ein Ausländer, der eine Straftat begeht, kann innerhalb weniger Wochen, sofern die Beweislage einen Schuldspruch ergibt, verurteilt und abgeschoben werden.

Selbst bei dem Mörder des jungen Mädchens in Kandel hieß es in der Urteilsbegründung, dass eine längere Haftstrafe seine Integration nach der Entlassung behindern würde. Dieser Mensch hat eine junge Frau umgebracht. Da gibt es nichts zu integrieren! Solch ein Verbrecher muss abgeschoben werden.

Wir haben in Deutschland, wie jedes andere Land auch, eigene Verbrecher, Diebe, Räuber, Mörder und Vergewaltiger. Wir müssen uns keine aus anderen Ländern importieren.

Bevor man mich nun auch in die rechte Ecke stellt ... was man ohnehin tun wird, aber dennoch ... ich möchte nochmals wiederholen, dass ich nichts gegen Ausländer habe, die sich integrieren, die hier arbeiten und ihr Möglichstes tun, ein Teil unserer Gesellschaft zu werden. Solche Menschen sind mir jederzeit willkommen, denn diese sind, wie ich glaube, wirklich eine Bereicherung für uns.

Hart arbeitende, fleißige Menschen, die sich an die Gesetze halten und sie akzeptieren. Menschen, die akzeptieren, dass wir hier eine über Jahrhunderte gewachsene Kultur haben, dass wir eine mitunter völlig andere Gesellschaft und Art zu leben haben, wie die ihre, die sich aber dennoch nach Kräften bemühen dazuzugehören, sich zu integrieren, solchen Menschen helfe ich gerne.

Was allerdings nicht möglich sein darf, sind Menschen, die hier herkommen, um von unserem Sozialsystem zu leben, die sich hier mit falschen Angaben einnisten, vom ersten Tag an über ihre Identität oder ihr Alter lügen, die hier Straftaten begehen. Solche Menschen müssen ohne Umschweife und ohne Verzögerung ausgewiesen werden.

Und die Ausweisung darf nicht mittels eines Einladungsschreibens erfolgen, in dem man freundlich darum bittet, dass man sich doch bitte nach Möglichkeit, wenn es nicht zu viele Umstände macht, und das Wetter, die allgemeine Finanzlage, die Gesundheit und der DAX es zulassen, am Flughafen einfinden möge, wenn es nicht zu aufwendig ist. In puncto Abschiebung können wir noch viel von den klassischen Einwanderungsländern USA, Kanada und Australien lernen. Etwaige Berufsdemonstranten, die sich einer Abschiebung in den Weg stellen, sollten wegen Behinderung des Einsatzes Anzeigen erhalten.

Falsche Angaben oder Straftaten, kurze Inhaftierung bis zur Abschiebung, dann von der Bundespolizei an den Flughafen gebracht und abgeschoben.

Kurz, knapp und schnell. Es funktioniert in den anderen Staaten, es kann auch bei uns funktionieren. Man muss es nur wollen.

Wie viele der Migranten sind durch mindestens ein sicheres Land gereist, um zu uns zu kommen? Wie die Webseite Aktion-Deutschland-Hilft berichtet, erreichten bis Dezember 2015 851.318 Menschen über Griechenland und weiter über die sogenannte Balkanroute Europa. Laut Stand vom Juni 2016 waren es nochmals 157.574, und laut Stand vom November 2017 noch mal 27.300 Menschen. Dafür stieg die Zahl derer, die über das Mittelmeer nach Italien kam in 2017 auf 117.000 an.

Somit ist ersichtlich, dass die meisten der bei uns befindlichen Migranten bereits durch mehrere sichere Länder gereist sind, um zu uns zu kommen. Nach den Bestimmungen des Dublinabkommens müssten sie in eben jenem ersten sicheren Land ihren Antrag stellen. Nun kann man in einem geeinten Europa natürlich nicht ein Land mit der Verantwortung allein lassen. Natürlich muss man auch bedenken, dass viele dieser Menschen erst aufgrund von Merkels Einladung an den Rest der Welt sich auf den Weg gemacht haben. Es ist schließlich kein Geheimnis, dass es bei uns in Deutschland einfach ist, Geld zu erhalten. Weiterhin gab es in Deutschland bereits vor Beginn der Migrantenkrise als Anlaufstellen bereits seit Längerem existierende Migrantennetzwerke.

Und wenn man dann noch eine Einladung erhält, sich auf den Weg zu machen, wer kann es dem Menschen dann verdenken?

Also Pass verlieren, damit man sagen kann, man sei aus einem Kriegsgebiet, auf jeden Fall aber das Smartphone mitnehmen, damit man seine Reise dokumentieren kann.

Nun gibt es unter den Migranten natürlich auch wirkliche Flüchtlinge. Vor allem Menschen aus Ländern, die aufgrund der meist militärisch geführten Außenpolitik der USA destabilisiert wurden. Nicht nur gab es aus diesen Ländern nun auch Flüchtlinge, sondern es machten sich auch Flüchtlinge aus anderen Ländern, die sich bis zur Destabilisierung in besagten Ländern befanden auf den Weg.

Wie stelle man sicher, dass keine Verbrecher, gesuchte Personen oder Terroristen, die man ja heutzutage politisch korrekt nur Gefährder nennt, ins Land kamen?

Die Gewerkschaft der Polizei, sowie die Deutsche Polizeigewerkschaft gaben bereits im Herbst 2015 bekannt, dass nur ein Bruchteil der ins Land strömenden Menschenmengen erkennungsdienstlich erfasst werden konnten. So schrieb zum Beispiel der stellvertretende Vorsitzende der GdP Radek in einem Brief an die Kanzlerin, dass die Bundespolizei nicht mehr in der Lage sei, den ihr obliegenden Auftrag der Gefahrenabwehr und Strafverfolgung an den Grenzen in der gesetzlich gebotenen Weise wahrzunehmen.

Damit werde unter anderem auch das Sammeln von Hinweisen auf eine Ausnutzung der Situation durch terroristische Vereinigungen vereitelt.

Auch Fabrice Leggeri, der Chef der europäischen Grenzschutzagentur Frontex warnte, dass die unkontrolliert nach Europa einreisenden Menschenmassen ein Sicherheitsrisiko darstellten.

Selbst im Frühjahr 2017 hatten lediglich 10 Prozent der deutschen Ausländerbehörden die technischen Möglichkeiten, Fingerabdrücke elektronisch zu erfassen und mit dem Kerndatensystem des Zentralregisters abzugleichen. An das KDS sind mehr als 13.000 Behörden aus den Bereichen Aufenthalt, Polizei, Justiz und innere Sicherheit angeschlossen.

Im März 2017 teilte eine Sprecherin des Bundesamtes für Migration und Flüchtlinge (BAMF) mit, dass Teilbereiche einzelner Finger nicht in optimaler Qualität gespeichert werden, weil Teilbereiche der Finger nicht immer lesbar wären. Einer Analyse des Bundeskriminalamtes nach, sind die genommenen Abdrücke nur bedingt für kriminaltechnische Untersuchungen verwendbar, da sich an Tatorten oft nur Bruchstücke von Abdrücken befinden.

Im Mai 2017 gab das BAMF bekannt, dass mehreren Tausend Personen Asyl gewährt wurde, obwohl diese nicht erkennungsdienstlich erfasst worden seien. Dem folgend berichtete die WELT in einem Artikel im Mai 2018, dass die erkennungsdienstlichen Maßnahmen bei Antragstellern noch immer nicht nachgeholt würden.

Ende 2015 hatten weniger als ein Drittel der eingereisten Migranten einen Reisepass. Nach Angaben des Gesamtpersonalrates des BAMF wurden zum Beispiel syrische Pässe nicht auf ihre Echtheit überprüft. Die Aussetzung unserer Gesetze ging sogar so weit, dass bei Asylbewerbern ohne Pass sogar gänzlich auf die Überprüfung der angegebenen Personalien verzichtet wurde.

Anfang August 2016 erklärte Frau Wilken-Klein, eine Mitarbeiterin des BAMF, dass alle Asylsuchenden polizeilich überprüft seien. Kurz darauf, im September 2016 wurden in Mecklenburg-Vorpommern 3000 Pässe von Asylsuchenden überprüft. Diese Überprüfung ergab, dass 1/0 Pässe gefälscht waren. Daraufhin wollte Brandenburgs Generalstaatsanwalt Mitte September 2016 rund 18.000 Datensätze des BAMF beschlagnahmen lassen, um die Angaben, sowie die Echtheit der Pässe zu überprüfen, da diese vorher nicht überprüft worden waren.

Das BAMF weigerte sich die Datensätze freizugeben, da man Asylsuchende nicht unter Generalverdacht stellen dürfe. Bis zum Februar 2017 überprüfte die Staatsanwaltschaft daraufhin in aufwendigen Einzelverfahren 1.000 der 18.000 Fälle. Man stellte fest, dass knapp 20 Prozent der betroffenen Asylsuchenden nicht mehr auffindbar waren.

Wie die Süddeutsche Zeitung im Juni 2017 berichtete, hat das BAMF über mehrere Jahre hinweg Asylbewerber mit gefälschten Pässen nicht der Polizei gemeldet.

So sammelte die Behörde rund 15.000 Pässe, die vom Referat 712, der Prüfstelle für Ausweisdokumente des BAMF, als gefälscht beurteilt wurden.

Die Pässe wurden von besagtem Referat 712 einbehalten, und es wurde ein Vermerk in den Akten der Asylsuchenden erstellt. Die Polizei wurde jedoch in keinem der Fälle informiert. Ferner fand keine weitere Feststellung der Personalien statt. Seit Herbst 2016 unterrichtet das BAMF inzwischen die Sicherheitsbehörden, wenn ein gefälschter Pass entdeckt wird. Jedoch ist nicht mehr nachvollziehbar, wer tatsächlich in der davor liegenden Zeit in unserem Land eingereist ist.

Laut einem weiteren Fernsehbericht von RTL aus dem Jahre 2017 (es gibt ja den einen oder anderen Lichtblick in den Staatsmedien) befanden sich zur Zeit der Dreharbeiten 220.000 ausreisepflichtige Menschen in Deutschland. Aufgrund der üblichen Gründe, fehlende Papiere, unklare Herkunft oder auch eine vorgetäuschte Krankheit, werden beinahe alle nicht abgeschoben, sondern sind "geduldet". Es sind Fälle bekannt, in denen abgelehnte Antragsteller bereits seit mehr als 30 Jahren in Deutschland geduldet sind.

Wie viele Straftaten würden verhindert werden, wenn man diese Menschen wirklich abschieben würde? So zum Beispiel im Fall der ermordeten Susanne F. Sie wurde auf dem Nachhauseweg vom Täter überfallen, ausgeraubt und erwürgt. Die Beute ... 50 Euro und ein Handy.

Der Täter ... Ilyas A. ein ausreisepflichtiger, abgelehnter Asylantragsteller, der bereits mehrfach vorbestraft war.

Der Täter saß bereits in Deutschland eineinhalb Jahre im Gefängnis. Doch statt ihn aus der Haft abzuschieben, wurde er ganz normal aus der Haft entlassen. Der Witwer der ermordeten ist verzweifelt, versteht die deutsche Justiz und die Gesetzeslage nicht mehr. Er ist der Meinung, völlig zu Recht übrigens, dass straffällig gewordene Migranten ohne Wenn und Aber abgeschoben werden müssen. Der Grund, warum Ilyas A. nicht abgeschoben werden konnte ... angeblich gab es keine vorladungsfähige Adresse.

Das Land Berlin hat (nicht als Einziges) keine Abschiebehaftanstalt. Warum? Laut Aussage des Berichtes verzichtet man aus Kostengründen darauf. Aus Kostengründen werden die Leben unserer Mitbürger aufs Spiel gesetzt. Ein Polizist, der aus ersichtlichen Gründen bei seiner Aussage unerkannt bleiben wollte, sagte in dem Bericht, dass die Regierung einfach das Geld in die Hand nehmen müsse. Man müsse einen Abschiebegewahrsam errichten und Personen, die hier straffällig werden rigoros abschieben.

Der im Bericht gezeigte Mustafa, ein obdachloser Drogendealer, der ebenfalls ausreisepflichtig ist, amüsiert sich über unsere Gesetze. Im Verlauf seines Interviews sagt er aus, dass Deutschland ein Paradies für ausländische Kriminelle ist. Es werde nicht überprüft, was man macht. Und wenn man eine Straftat begehe, dann bekomme jeder immer wieder eine neue Chance.

Weiter im Bericht gezeigt ... ein Cemil Y. ein türkischstämmiger Familienvater aus Köln. Er wurde ebenfalls Opfer einer Gewalttat. Er wurde von dem 34 jährigen Marokkaner Hicham N., der wie auch Ilyas A. hier lediglich geduldet ist, angegriffen und mit einem Messer schwer im Gesicht verletzt. Zum Zeitpunkt der Tat hatte die Polizei bereits mehr als 40 Einträge bezüglich Hicham N. Diese reichten von Raub, Bedrohung, Drogendelikten, Diebstahl und Sexualdelikten, bis hin zu Körperverletzung.

Cemil Ys Frau meint zu den Gesetzen in Deutschland, dass straffällig gewordene Ausländer eingesperrt und abgeschoben werden müssen. Bei Raubtieren würde man das schließlich auch tun, denn sie würden immer wieder Schafe fressen, egal wie oft man sie zwischendurch einsperrt.

Zum Zeitpunkt der Reportage warteten alleine am Berliner Verwaltungsgericht mehr als 13.000 Verfahren wegen Einspruchs gegen abgelehnte Asylbescheide auf einen Termin. Die Gerichte sind hoffnungslos überlastet. Hier muss definitiv eine Änderung geschehen.

Entweder müssen die Einspruchsrechte abgelehnter Asylanten eingeschränkt werden, oder die Verfahren müssen schneller abgehandelt werden. Das Schnellverfahren möglich sind, sieht man am Beispiel des zwei Wochen nach den Ereignissen von Chemnitz wegen Hitlergrußes abgeurteilten Mannes. Solche Schnellverfahren müssen auch in anderen Bereichen möglich sein.

Eine Handlungsweise wie in den USA, Abschiebehaft, und während der Haft durchlaufenes, zeitlich schnelleres Einspruchsverfahren, wäre hier wünschenswert. Denn laut Gesetz müsste ein abgelehnter Asylbewerber abgeschoben werden. Wenn er dies anfechten will, so kann er dies gerne tun. Aber in der Zwischenzeit muss man sichergehen, dass er weder straffällig wird, noch das er untertauchen kann. Das unsere Anwälte gegen eine solche Verfahrensweise sind ist selbstverständlich. Verdienen sie doch an der gängigen Praxis sehr gut.

Der zuvor angesprochene Polizist äußerte sich über die Einstellung der Migranten zu unseren Gesetzen und unserem Rechtssystem dahin gehend, dass es in den meisten südlichen beziehungsweise arabischen Ländern ganz anders funktioniere als bei uns.

Dort gäbe es Respekt vor dem Staat und der Staatsgewalt. Bei uns in Deutschland fehle dieser Respekt völlig. Das Problem sei, dass die festgenommenen lachend vor den Polizisten stünden, weil sie wüssten, dass ihnen ohnehin nichts passiert. In ihren Heimatländern würden sie es sich mit Sicherheit nicht trauen, so mit dem Staat beziehungsweise der Polizei umzugehen.

Der ausreisepflichtige tunesische Drogendealer Mustafa sagte im Bericht, dass er verstehe, dass immer mehr Deutsche die Ausländer nicht mögen. Er sagt selbst, dass sie sich wie Parasiten benehmen. Nicht arbeiten, keine Steuern Zahlen, von den Menschen hier leben. Wenn andere Menschen das in seinem Heimatland tun würden, dann wäre er auch sauer, meint er.

Er führt weiterhin aus, dass es ohnehin einfach sei, hier unterzutauchen. Wenn man ausgewiesen werden soll, dann muss man vorher angeschrieben werden. Mindestens 30 Tage im Voraus. Das sei genug Zeit, um zu verschwinden. Man könne auch einfach seine Dokumente verschwinden lassen, sich einen anderen Namen ausdenken, und einfach über sein Alter lügen und behaupten man sei minderjährig.

Politisch korrekte Individuen sträuben sich vehement gegen Altersüberprüfungen, sowie jedwede Überprüfung der betreffenden Migranten. Hier besteht akuter Handlungsbedarf. Altersüberprüfungen, Fingerabdrücke, sowie alle zur Verfügung stehenden Maßnahmen zur Feststellung und Speicherung der Personalien, und zur Feststellung des Alters müssen unbedingt angewandt werden. Alles andere ist Fahrlässigkeit gegenüber der Sicherheit der Bürger unseres Landes.

GENDER UND DIE SOCIAL JUSTICE

Was war die Welt doch so einfach ... es gab Frauen, Männer, Heterosexuelle, Homosexuelle, und im Grunde war es das dann auch. Ich kann mich noch daran erinnern, welche Wellen Boy George damals schlug, als er mit Make-up daher kam. Die meisten hatten auch keine Probleme mit Homosexuellen. Man war es durch viele Künstler gewohnt und es war eigentlich akzeptabel.

Nicht unbedingt etwas, das sich die Eltern wünschten, aber akzeptabel. Ich kann mich durch meine gesamte Kindheit und Jugend an keinen einzelnen Fall erinnern, in dem in meiner Heimatstadt jemand den ich kannte, oder der ein Bekannter eines Bekannten war wegen seiner sexuellen Orientierung benachteiligt oder ausgegrenzt wurde. Auch nicht im Bekanntenkreis ... im Gegenteil, wir hatten beides im Bekanntenkreis vertreten, einen homosexuellen Kumpel und ein lesbisches Pärchen ... alle drei wurden von uns und denen, mit denen wir zu tun hatten voll akzeptiert.

Heutzutage ist das etwas anders. Es gibt nicht nur zwei Geschlechter, egal was die Biologie und die Natur uns sagen. Es gibt viele verschiedene "Gender". Wer sagt, das sei etwas anderes als ein Geschlecht, beziehungsweise die Definition eines Wesens durch sein Geschlecht, der nehme den englischen Begriff Gender und schaue, was er bedeutet. Wo auf deutschen Formularen die Bezeichnung "Geschlecht" zu finden ist, so ist auf englischen Formularen meist die Bezeichnung Gender zu finden.

Die Identifizierung des Wesens aufgrund seines Geschlechts ist normal. Man möchte ja wissen, ob man jemanden mit Herr oder Frau anreden sollte, man möchte wissen, ob man es mit einem Mann, einer Frau oder einem Eichhörnchen zu tun hat, man möchte einfach wissen, ob es sich um ein "Er", "Sie", oder "Es" handelt. Das Problem mit den Artikeln besteht nicht nur in der deutschen Sprache, sondern auch in der englischen.

In Kanada, den USA und Großbritannien sind hitzige Debatten darüber entfacht, wie "nicht zur Kategorie der Männer oder Frauen gehörige Menschen" angesprochen werden möchten.

Wenn man diesen Debatten folgt, so sieht man ziemlich schnell, dass sowohl die Befürworter als die Gegner anderer Anreden Unterstützung bekommen ... aus dem gleichen Lager. Sowohl die Social Justice Warriors auf Ihrem ewigen Kreuzzug der Political Correctness, als auch deren Gegner erhalten Unterstützung aus den betroffenen Lagern der Genderqueer, Transgender männlich, Transgender weiblich, Transsexuellen usw.

Man muss ja hier nicht alle 150 Variationen aufführen, die möglich wären.

Aber auch aus renommierten Kreisen wird vehemente Kritik an der Genderisierung der westlichen Gesellschaft laut. Und die Zahl derjenigen, die sich trauen ihre Meinung offen zu sagen, steigt stetig.

Ein Beispiel ist Melanie Phillips. Die britische Autorin und Journalistin, die sich selbst als liberale beschreibt, die von der Realität überfallen wurde, zählt durchaus zu den angesehensten Journalisten in Großbritannien. Die Gewinnerin des Orwell-Preises für Journalismus schrieb zuvor für den Observer und schreibt heutzutage für die Times.

Sie äußerte sich zum Thema in einem Fernsehinterview bei der BBC ... "Ich denke, dass jeder, der sich in einer Situation der Geschlechtsverwirrung befindet, durchaus Verständnis verdient. Aber ich bin auch der Meinung, dass es einen sehr großen Druck gibt, die biologischen Geschlechter vollständig zu vergessen, dass es beinahe als beleidigend oder anstößig gilt, wenn ich zum Beispiel sage, dass ich eine Frau bin. Dieses Verhalten ist nicht nur absurd, drakonisch und totalitär, sondern es verweigert mir meine Rechte als Frau ...

...Wir sollten mitfühlend und rücksichtsvoll sein. Aber wenn ich mir zum Beispiel die Vorlage für den Zensus 2021 anschaue, dann ist es völlig falsch zu sagen, die Bürger müssen nicht angeben, ob sie weiblich oder männlich sind.

Als Begründung sagt man uns, dass es irrelevant, inakzeptabel und aufdringlich wäre, nach dem Geschlecht zu fragen.

Aber der Knackpunkt ist dieser ... die Option, eine dritte Wahlmöglichkeit, also "männlich", "weiblich" und "andere" mit einzubeziehen, wurde als problematisch angesehen. Dies sei so, sagte man uns, da dies Transgender-Menschen homogenisiere und sie vom Rest der Gesellschaft ausschließe.

Also diese dritte Option "andere" würde auf irgendeine Wiese beleidigend wirken. Somit ist es dem Rest der Bevölkerung verwehrt, diese Angaben zu machen. Somit ist der Zensus als solches ad absurdum geführt, denn er dient somit nicht mehr als verlässliche Quelle für statistische Informationen.

Und wenn ich mir anschaue, wie Kritiker behandelt werden, dann muss ich sagen, es handelt sich hier um eine sehr intolerante Einstellung (gegenüber Männern und Frauen), die man als Mitgefühl (für Transgender) maskiert."

Eine weitere Verfechterin gegen den Genderwahn ist die amerikanische Ärztin Dr. Michelle Cretella, die Präsidentin des American College of Pediatricians ist.

"Die Grundidee der Genderfrage ist, dass ein Mensch in den falschen Körper geboren werden kann. Das ist einfach nicht möglich. Die menschliche Sexualität ist binär.

Das wissen wir, denn in der Natur ist die Fortpflanzung eine der wichtigsten Regeln. Und Menschen machen da keine Ausnahme. Dafür braucht man einen Mann und eine Frau. Frauen haben XX-Chromosome, und Männer XY-Chromosome. Das sind ganz einfache, binäre, genetische Marker, jedoch in unserer DNA tief verankert."

Jemand der sich als Transgender bezeichnet, das ist kein Problem des falschen Körpers. Genderidentität ist, wie jede andere Form einer Identität, in unseren Gedanken und unseren Gefühlen. Sie sind nicht unveränderbar in unseren Körpern verankert.

Und unsere Gefühle können eben faktisch, sachbezogen und tatsächlich richtig, oder falsch sein. Die wissenschaftliche Definition einer Wahnvorstellung ist eine festgesetzte, falsche Überzeugung, an der trotz objektiv nachprüfbarer Realität festgehalten wird.

Wenn ich anhaltend und konsequent davon überzeugt bin, dass ich Margaret Thatcher bin, oder eine Katze, oder ein Amputierter, der in einem gesunden Körper gefangen ist, dann leide ich unter Wahnvorstellungen. Zum Beispiel leiden Menschen mit der Wahnvorstellung, sie seien ein Amputierter, der in einem gesunden Körper gefangen ist, unter Body Integrity Identity Disorder, BIID (Körper-Integritäts-Identitäts-Störung).

Wenn Sie einen Körperteil amputieren lassen wollen, der absolut gesund ist, weil Sie angeben, dass sie als Amputierter in einem gesunden Körper gefangen sind, dann gelten Sie als psychisch krank.

Aber wenn Sie sich gesunde Brüste oder Genitalien abnehmen lassen wollen, die zur Realität Ihres Körpers gehören, weil sie glauben im Körper des falschen Geschlechts gefangen zu sein, dann gelten Sie nicht als psychisch krank, sondern Sie sind Transgender. Politisch korrekt, hochaktuell und von allen Linksidiologen geliebt.

Der Unterschied ist, dass ein "Wunsch-Amputierter" nicht ideell politisch verwertbar ist. Transgender jedoch passen sehr wohl ins links-ideelle, politisch korrekte Weltbild. Kann man sie doch perfekt zur Indoktrination links-ideeller Fantasien, bereits im Kindesalter, benutzen.

Im Grunde kann sich heutzutage jeder seinen eigenen Gender aussuchen, und sich auf die Art sexuell identifizieren, wie er mag. Der Fantasie sind dabei genauso wenig Grenzen gesetzt, wie der Erbärmlichkeit. Wenn ich nun angebe, dass ich mich dadurch sexuell identifiziere, dass ich nicht vor 10 Uhr morgens aufstehe, erst nach der dritten Tasse Kaffee ansprechbar bin, und dann Socken tragend mit dem Toaster, den ich abgöttisch liebe Sex habe, dann kann ich darauf bestehen, dass ich als "10-3-Sockling" gelten möchte. Als solcher bin ich dann meine eigene kleine Randgruppe.

Wo die Grenzen dieses Irrsinns liegen? Nun ja, wenn wir rund acht Milliarden verschiedene Gender haben, dann dürfte wohl alles abgedeckt sein. Schwer wird es dann nur, wenn jeder Mensch seine eigene Randgruppe darstellt, einen gemeinsamen Konsens zu finden, egal wofür.

Professor Jordan Peterson setzt sich seit 2016 dafür ein, dass es Menschen nicht aufgezwungen werden darf, wie sie andere anzusprechen haben. Der Grund hierfür war der "Bill C-16" der kanadischen Regierung, der Transgender-Rechte über Geschlechtsidentität und Geschlechtsausdruck stärken sollen.   Peterson ist Psychologe, lehrte mehrere Jahre als Assistenzprofessor an der Elite-Universität von Harvard und lehrt seit 1997 als Professor für Psychologie an der University of Toronto.

Peterson beruft sich hauptsächlich auf die freie Meinungsäußerung, die er durch politische Korrektheit ernsthaft gefährdet sieht. Er gibt an, dass er es ablehnt, Worte zu gebrauchen, die von Ideologen stammen, da dies einen Menschen zur Marionette dieser Ideologen mache.

Laut Peterson gibt es keine hinlänglichen Belege dafür, dass Geschlechtsidentität und biologische Geschlechtlichkeit unterschiedliche, voneinander unabhängige Konstrukte sind. Vielmehr sei es so, dass alle wissenschaftlichen Beweise und Lehren nur die Auffassung zulassen können, dass es keine unabhängig voneinander variierenden Konstrukte sind.

Die gesetzlich erzwungene Anwendung von (durch einige Betroffene gewünschten) spezifischen Pronomen als Anrede in der dritten Person lehnt er ab und nennt sie „Konstrukte einer kleinen Koterie ideologisch motivierter Menschen".

Peterson betonte in den vergangenen Jahren immer wiederholt, dass seine ablehnende Position zu einem gesetzlich vorgeschriebenen Gebrauch von Sprache nicht bedeutet, dass er die Existenz von Menschen, die nicht in die binären Gender-Kategorien passen, verneint.

In einem Interview mit der BBC erläuterte Peterson zur Begründung seiner Ablehnung des Gesetzes, dass er vierzig Jahre lang Totalitarismus studiert habe. Totalitarismus beginne immer mit dem Versuch, das ideologische und linguistische Territorium zu kontrollieren, und unter keinen Umständen werde er Worte benutzen, die von Leuten erfunden wurden, die genau dies tun.

Im Mai 2017 gehörte Peterson zu 24 eingeladenen Sachverständigen, die vor dem Senatsausschuss für Rechts- und Verfassungsangelegenheiten zum "Bill C-16" sprachen. Peterson gab an, dass die Argumente, Biologie bestimme nicht das Geschlecht, aus den Geisteswissenschaften stammten und lediglich ideologisch angetrieben seien.

Ein weiterer Verfechter gegen Transgender, und Genderisierung als solche, ist Ben Shapiro. Der 34 jährige hält einen "JD" ("Juris Doctor", einer von mehreren Doktortiteln der Rechtswissenschaften) Titel der Harvard-Universität und arbeitet unter anderem als Kolumnist. Shapiro weist in seinen Reden und Interviews regelmäßig darauf hin, dass er Jude ist, und als solcher sehr wohl weiß, was es bedeutet, zu einer nicht sehr populären Gruppe zu gehören, und Diskriminierung zu erfahren.

Zu den Vorwürfen, politisch ultra-rechts angesiedelt zu sein, verweist er darauf, dass er im vergangenen Präsidentschaftswahlkampf gegen Trump stand, der ebenso als ultra-rechts gilt. Einem Bericht des New York Magazine zufolge wurde er mehrfach durch die "Alt-right"-Bewegung, sowie durch Trump Anhänger bedroht.

Bei einer Diskussionsrunde im amerikanischen Fernsehen wurde er neben Zoey Tur (US-Reporter, der 2013 mit 53 Jahren beschloss, eine Frau zu sein) platziert. In der

Sendung ging es darum, ob Caitlyn Jenner (ehemaliger US-Zehnkämpfer, der 2015 im Alter von 66 Jahren beschloss, eine Frau zu sein) den ESPN - Arthur Ashe Courage Award, aufgrund seines Wechsels von Mann zu Frau, zu Recht erhalten habe.

Nachdem Shapiro Tur mehrfach mit männlicher Anrede ansprach, bedrohte dieser (Entschuldigung ... diese) ihn und sagte, er (nochmals -entschuldigung ... sie) werde Shapiro im Krankenwagen nach Hause schicken. In einer Rede für die YAF (Young Americans Foundation) ging er auch auf die Transgender-Frage ein.

Er führte aus, dass Transgender-OPs nichts bewirken. Dies stützte er auf Forschungsergebnisse der Anderson-School at UCLA, die zu dem Ergebnis kamen, dass die Suizidrate vor und nach Operationen beinahe identisch seien. Ferner kam die Studie zu dem Ergebnis, dass die Suizidrate von Transgender-Menschen, die in ihrem Leben keinerlei Repressalien aufgrund ihrer Lebensweise erfahren hätten, ebenfalls beinahe genauso hoch sei, wie von Menschen, die ständigen Problemen ausgesetzt waren.

Es ist für mich unbegreiflich, dass die Links-grünen sagen, dass wir konservativen gegen die Wissenschaft sind. Sind es doch genau die selben linken und liberalen, die behaupten, dass Impfungen gefährlich sind, und dass ein Mann durch einen kleinen Eingriff plötzlich zur Frau wird. DAS widerspricht der Wissenschaft. Jede einzelne Zelle von (zum Beispiel) Caitlyn Jenners Körper hat ein Y-Chromosom. Die Idee, dass er eine Frau ist, ist totaler Blödsinn.

Was bei der ganzen Diskussion lustig ist, ist die Tatsache, dass manche Feministinnen die vehementesten Befürworter der Transgender-Ideologie sind. Waren es doch die Feministinnen, die uns immer gesagt haben, dass Männer und Frauen von Natur aus unterschiedlich sind, und dass Frauen der Welt etwas Schönes, Einzigartiges zu geben haben, was ja auch stimmt. Und jetzt sagen sie uns, dass Männer und Frauen gleich sind und nach Belieben wechseln können.

Soziale Platzanweiser. Dieses Modewort soll eine Reihe von Umständen umfassen, die dafür verantwortlich sind, zu welchem Menschen wir uns entwickeln, wo wir später im Leben beruflich und gesellschaftlich stehen. Nach einigen "Fachleuten" gibt es viele dieser Platzanweiser, einer davon sei das Geschlecht.

So behaupten es zum Beispiel auch die FUMA e.V. die Fachstelle für Gender und

Diversität Nordrhein Westfalen, das Gender-Institut Bremen e.V. und andere Stellen.

Diese haben es sich auf die Fahnen geschrieben, gegen Diskriminierung von Frauen, Männern, Transpersonen, intersexuell geborenen Personen und anderen Geschlechtern beizutragen.

Anderen Geschlechtern ... Wenn man nicht gerade ein Anhänger der biblischen Kreationsgeschichte ist, dann folgt man eigentlich den wissenschaftlichen Erkenntnissen über Evolution und der Abstammungslehre. Der Mensch ist also, rein wissenschaftlich gesehen, ein "Produkt" der Natur. Nun schauen wir mal, wie viele Geschlechter es in der Natur gibt. Da gibt es zunächst männliche und weibliche Tiere. Ausnahmen sind auch bekannt, wie zum Beispiel die Seepocken, der Regenwurm, oder Korallen, die sowohl befruchtet werden können, als auch befruchten können.

Nun gibt es bei diesen Tieren aber auch Gründe, warum die Fortpflanzung derart geregelt wurde. Bei den Seepocken zum Beispiel ist der Grund, dass sie sessile Tiere sind. Das bedeutet, dass sie sich im ausgewachsenen Zustand nicht mehr bewegen können, und daher bei der Art der Fortpflanzung nicht wählerisch sein dürfen.

Auch wenn sie oft in großen Gruppen auftreten, so müssen sie doch auch für den Fall gewappnet sein, dass es eben nur ein paar andere Seepocken in der näheren Umgebung gibt, und für diesen Fall wäre es sehr hinderlich für den Fortbestand der Art, wenn diese dann alle das gleiche Geschlecht hätten.

Bei Regenwürmern ist der Grund ein anderer. Regenwürmer haben eine Vielzahl natürlicher Fressfeinde, sowohl unter- als auch überirdisch. Daher gehören Regenwürmer zu den Arten, die bei der Vermehrung auf Masse setzen. Für viele Arten von Tieren und Pflanzen gehört in der Natur die Fortsetzung der Art zu den Prioritäten gegenüber dem Individuum als solches.

Nun hat zum Beispiel Christina B. die 1996 an der Berliner Humboldt-Universität den ersten Gender-Studiengang gründete ausgesagt, dass zum Beispiel eine Erkenntnis ihrer jahrelangen Studienarbeit sei, dass sich die Hirnfunktionen, sowie der Hormonhaushalt von Männern verändert, die sich intensiv um ihre Kinder kümmern. Sie würden sich nun mehr um Aktivitäten kümmern, die man rollenspezifisch Frauen zuschreibe.

Als ehemaliger alleinerziehender Vater, der sich definitiv intensiv um seine Kinder gekümmert hat, muss ich sagen, ich habe noch nie zuvor einen solchen Blödsinn gelesen. Mein Hormonhaushalt ist, wenn ich meinem Hausarzt glauben kann, der eines völlig durchschnittlichen Mannes in meinem Alter.

Auch habe natürlich als ehemals alleinerziehender "früher typisch weibliche Dinge" wie Kochen, Waschen, Bügeln etc. erledigt. Aber ich kann keinesfalls feststellen, dass ich lieber einen rosa Wollpulli stricken würde, als mir einen Boxkampf anzusehen. Ich trage keine Hüttensocken über Leggings und habe auch sonst keine feminine Seite an mir entdeckt.

Eine weitere Vertreterin ist die Soziologin Sabine H. von der TU-Berlin, die der Auffassung ist, man müsse neben sexueller Orientierung, Migration und Religionszugehörigkeit natürlich auch über Geschlechteridentität sprechen, wenn man die moderne Gesellschaft verstehen wolle. Eben jene Soziologin hielt es nach den Übergriffen der Silvesternacht 2015 in Köln und anderen Orten nicht etwa für angebracht, über die Zusammensetzung des Mobs nachzudenken, der dort Frauen angegriffen hatte. Nein, es war ihr im Nachspiel dieser Ereignisse viel wichtiger, wie man den Feminismus von der Borniertheit der entwickelten Welt lösen könne.

Eine der Uhrmütter sozusagen, der Gendertheorie ist Judith Butler. Die US-amerikanische Tochter eines ungarischen und russischen, jüdischen Migrantenpaares studierte in Kontinentalphilosophie in Yale. Zu der Zeit beschäftigte sie sich intensiv mit den Schriften von Karl Marx, der undogmatisch marxistischen Frankfurter Schule sowie Martin Heidegger.

Sie behauptet, dass selbst Anatomie ein soziales Konstrukt sei, und es sei willkürlich, wenn man Menschen nach ihren Geschlechtsteilen "sortiere". Man könne genauso auch die Größe oder die Haarfarbe dafür verwenden.

Nun gibt es aber durchaus auch noch Akademiker, die sich nicht diesem Wahnsinn verschreiben.

So zum Beispiel Robert Plomin, laut dem Review of General Psychology einer der 70 meistzitierten Psychologen des 20 Jahrhunderts und die Neurowissenschaftlerin Doreen Kimura. In ihrer Arbeit wurde ein Zusammenhang zwischen Testosteronspiegel und Berufswahl nachgewiesen. So würden Menschen, Männer und

Frauen gleichermaßen, sich für die gleichen Berufe entscheiden, je nachdem, wie hoch ihr Testosteronspiegel sei.

Der Osloer Kinderpsychologe und Verhaltensforscher Trond Diseth ließ neun Monate alte Babys in einem Raum, in dem sich lediglich Kameras und Spielzeug befanden, selbst ihr Spielzeug aussuchen. Puppen und Autos befanden sich in gleicher Entfernung von der Ausgangsposition der Kinder. Jungs steuerten beinahe ausnahmslos auf die Autos zu, während die Mädchen beinahe ausnahmslos zu den Puppen krabbelten.

Simon Baron-Cohen, Professor für Entwicklungspsychopathologie in Cambridge untersuchte die Reaktionen von Neugeborenen. Von Kindern also, die noch in keiner Weise von der Gesellschaft beeinflusst wurden. Jungs reagierten im Allgemeinen mehr auf technische Geräte, während Mädchen mehr auf Gesichter reagierten.

Wie die US-National Library of Medicine veröffentlichte, gab es Studien mit Rhesusaffen, bei denen männlichen und weiblichen Jungtieren jeweils typische Jungen- und Mädchenspielzeuge zur Auswahl gegeben wurden.

Die männlichen Jungtiere spielten beinahe ausschließlich mit Trucks und Anhängern, während die Mehrheit der weiblichen Jungtiere beinahe ausschließlich mit Stofftieren spielten.

Die Ähnlichkeiten mit menschlichen Befunden zeigen, dass solche Präferenzen ohne explizite geschlechtsspezifische Sozialisation entstehen. Daraus lässt sich schließen, dass Spielzugpräferenzen hormonell beeinflusste Verhaltens- und kognitive Tendenzen widerspiegeln, jedoch nicht durch das soziale Umfeld beeinflusst werden.

Psychologie-Professor Richard Lippa von der California State University befragte 200.000 Menschen in 53 verschiedenen Ländern nach ihren Traumberufen. Hierbei nannten Männer zumeist technische Berufe, während Frauen meistens soziale berufe nannten. Die Ergebnisse waren in den unterschiedlichsten Ländern, zum Beispiel in den USA, in Saudi Arabien oder in Norwegen beinahe identisch. Wenn es tatsächlich einen starken kulturellen Einfluss auf die Berufswahl gäbe, so müsste sich dieser auf eine solche Studie auswirken.

Professor Dr. Günter Buchholz merkte zur niedersächsischen Forschungsevaluation für Genderforschung an, dass es keinerlei wirkliche Forschung in diesem Gebiet gäbe. Es handele sich bei den sogenannten Erkenntnissen lediglich um verallgemeinerte Thesen, für die jeder Beweis fehle.

Die gesamte Gendertheorie basiert auf der Aussage, dass es neben dem tatsächlichen, biologischen Geschlecht auch ein soziales Geschlecht gäbe. In den dafür verbreiteten Werbefilmchen, die meist auch in Sprache und Ausdrucksweise sehr kindgerecht gehalten sind, wird proklamiert, dass Kindern noch immer die klassischen Rollen vermittelt würden.

Als gäbe es heutzutage keine weiblichen Bauarbeiter, Politiker etc, und als gäbe es keine männlichen Krankenpfleger, Friseure oder Ähnliches. Es wird dargestellt, als würde die Gesellschaft noch immer davon ausgehen, dass Mädchen an den Herd gehören und Männer arbeiten. Absoluter Blödsinn, aber so wird es propagiert.

Im Grunde handelt es sich um den Unterschied zwischen "nature vs nurture" (Natur gegen Erziehung), eine Debatte, die in den USA schon seit langer Zeit in Bezug auf Straftäter herrscht. Ist man dazu geboren, oder wurde man von der Gesellschaft dazu gemacht?

Wenn an allen Verhaltensweisen, an allem was man tut die Gesellschaft schuld ist, wie kommt es dann zum Beispiel, dass der Sohn eines schwer arbeitenden Elternpaares, beide berufstätig, beide nicht einen Tag arbeitslos gewesen, beide stets fleißig und Arbeit ihren Kindern vermittelnd, sich nun entscheidet, doch lieber nur herumzugammeln und andere für sich arbeiten zu lassen? Vieles deutet darauf hin, dass wir eben nicht nur das Produkt unserer Erziehung und der gesellschaftlichen Beeinflussung sind.

Wir sind in jeder Beziehung selbstständig fähig Entscheidungen zu treffen. Ob wir schlechte oder gute Vorbilder haben, ist im Grunde egal, denn wir entscheiden für uns selbst, wie wir unser Leben gestalten. Das ist eben der Vorteil einer offenen Gesellschaft, in der wir von klein auf dazu erzogen werden, "unser eigener Mensch" zu sein, unseren eigenen Weg zu gehen. Etwas, dass eben nicht in allen Kulturen der Fall ist.

Wenn zum Beispiel einem Jungen von jüngster Kindheit an beigebracht wird, dass Gewalt das Mittel ist, um zu bekommen, was man will, und dieser Junge auch nur in einem streng patriarchalischen Umfeld aufwächst, nur umgeben von Menschen, die genauso denken und handeln, dann wird er sich später genauso verhalten. Nur ist das in den westlichen Ländern normalerweise eben nicht der Fall, wenn es um die Erziehung unserer Kinder geht. In anderen Kulturen ist dies jedoch üblich.

Katherine Weinberg von der University of Massachusetts zeigte in einer Studie auf, dass bei unterschiedlichen Reaktionen seitens der Mütter, bereits sechs Monate alte Säuglinge unterschiedliche, geschlechtsspezifische Reaktionen zeigen.

Ihre Daten deuten darauf hin, dass Jungen affektiv reaktiver und sozialer ausgerichtet sind als Mädchen, und dass Mädchen objektorientierter sind und mehr selbstregulierende Verhaltensweisen als Jungen verwenden.

Somit zeigen sechs Monate alte Säuglinge, lange bevor eine soziale Einflussnahme Wirkung zeigen könnte, bereits geschlechtsbasierte affektive, verhaltensbedingte und selbstregulierende Unterschiede, die unabhängig vom sozialen Umfeld vorkommen.

Dr Brenda Todd, Psychologin und Dozentin der University of London, die sich mit der Forschung von Kleinkindern befasst und zur Zeit Entwicklungspsychologie lehrt, hat sich in einer Studie mit den Auswirkungen von Umwelt und Biologie auf das Spielverhalten von Kindern befasst.

Sie kam zu dem Ergebnis, dass sich die meisten Kinder, schon in frühester Kindheit entscheiden, mit Spielzeugen zu spielen, die nach ihrem Geschlecht typisiert sind. Um Variablen zu identifizieren, die eine Präferenz für Spielzeug vorhersagen, wurde eine Metaanalyse von Beobachtungsstudien zur freien Auswahl von Spielzeug für Jungen und Mädchen im Alter zwischen 1 und 8 Jahren durchgeführt.

Von einem ersten Pool von 1788 Papieren erfüllten 16 Studien (787 Jungen und 813 Mädchen) ihre Einschlusskriterien. Es wurde herausgefunden, dass Mädchen mehr mit "Mädchen-typischen" Spielzeugen spielten, und Jungs mehr mit "Jungen-typischen" Spielzeugen.

Meta-Regression zeigte keinen signifikanten Effekt der Anwesenheit eines Erwachsenen, Studienkontext, geografischem Ort der Studie, Veröffentlichungsdatum, Alter des Kindes oder die Einbeziehung von geschlechtsneutralem Spielzeug.

Die Größe der Geschlechterunterschiede bei den Präferenzen der Kinder für männliche und weibliche Spielzeuge schien in Studien, die in egalitären Ländern durchgeführt wurden, nicht geringer zu sein, als in anderen Ländern. In den Ländern, die in Bezug auf den Index für geschlechtsspezifische Ungleichheiten extrem niedrig bewertet wurden, wie Schweden, zeigten sich zum Beispiel ähnliche Unterschiede bei den Spielwarenpräferenzen, wie in Ungarn und den Vereinigten Staaten.

Dies widerspricht der, bei den Verfechtern der Gendertheorie, populären These, dass geschlechtsspezifische Unterschiede, die im Spiel der Kindheit zum Ausdruck kommen, durch das soziale Umfeld und die sozialen Erwartungen bestimmt sind.

Was jedoch festgestellt wurde, war ein Effekt der Zeitdauer seit Studienveröffentlichung. Mädchen spielten in früheren Studien mehr mit "Mädchen-typischen" Spielzeugen als in späteren Studien, während Jungen in früheren Studien mehr mit "Jungen-typischen" Spielzeugen spielten, als in neueren Studien. Jungen spielten auch wesentlich weniger mit "Jungen-typischen" Spielzeugen, wenn sie zuhause beobachtet wurden, als wenn sie sich in einer neutralen Laborumgebung befanden.

Daraus lässt sich schließen, dass der soziale Einfluss nicht etwa dahin gehend die Kinder beeinflusst, dass sie sich für "geschlechtsspezifische Jungen- oder Mädchenspielzeuge" entscheiden, sondern, dass die Beeinflussung durch das soziale Umfeld inzwischen dahin gehend eine Auswirkung auf die Kinder hat, dass sie sich oft aufgrund des Einflusses nicht getrauen, mit den Spielzeugen zu spielen, mit denen sie spielen möchten, nämlich den "geschlechtstypischen Spielzeugen".

Daraus stellt sich die Frage, ob die Beeinflussung der Kinder durch die Gendertheorie den Kindern zugutekommt, oder sie bei ihrer natürlichen Entwicklung hemmt. Ein Eingriff in die natürliche Entwicklung eines Kindes kann, wie jeder Psychologe bestätigen kann, im weiteren Leben schwerwiegende Folgen auf die Entwicklung des heranwachsenden Menschen haben.

Nur um das klarzustellen ... wir sprechen hier über die Transgender-Aktivisten. Die meisten Menschen, die unter einer Gender-Dysphorie leiden, sind keine Aktivisten und viele von ihnen lehnen die Behauptungen der Aktivisten ab. Viele von ihnen identifizieren sich selbst als Opfer der Aktivisten, und fühlen sich von ihnen ausgenutzt.

Viele von denen, die wegen ihres körperlichen Geschlechts Probleme haben, wissen, dass sie nicht wirklich das andere Geschlecht sind.. Sie möchten Hilfe bekommen, um sich mit ihrem körperlichen Selbst zu identifizieren und es zu akzeptieren. Sie glauben nicht, dass ihre Gefühle der Gender-Dysphorie die Realität definieren. Aber die Transgender-Aktivisten tun genau das.

Die Aktivisten fördern eine höchst subjektive und unsinnige Weltanschauung.

Auf der einen Seite behaupten sie, in einer neuen Form des gnostischen Dualismus, dass das wahre Selbst etwas anderes als der physische Körper sei. Gleichzeitig umfassen sie eine materialistische Philosophie, in der nur die materielle Welt existiert. Sie sagen, dass das Geschlecht ein rein soziales Konstrukt ist, während sie behaupten, dass eine Person im falschen Geschlecht "gefangen" sein kann.

Sie sagen, es gäbe keine bedeutungsvollen Unterschiede zwischen Mann und Frau, aber sie bestehen auf starre Sexualstereotypen, um zu argumentieren, dass "Geschlechtsidentität" real ist, während die menschliche Verkörperung dessen dies nicht sci.

Wenn das Geschlecht ein soziales Konstrukt ist, wie kann dann gleichzeitig die Geschlechtsidentität angeboren und unveränderlich sein? Wie kann die eigene Identität, in Bezug auf ein sich ständig veränderndes soziales Konstrukt, unveränderbar sein?

Warum sollte das "sich wie ein Mann fühlen", was auch immer das bedeuten mag, jemanden zu einem Mann machen? Warum sollte sich das "sich wie eine Frau fühlen", jemanden zu einer Frau machen? Warum bestimmen unsere Gefühle angeblich die Realität in der Frage des Geschlechts, aber sonst nicht? Bloß weil ich mich zwei Meter groß fühle, bin ich dennoch nur 1,75 Meter groß.

Auch wenn ich mich wie 20 fühle, bin ich dennoch fünfzig. Wenn mein Gefühl mein Geschlecht bestimmen kann, dann doch bitte alle Aspekte meines irdischen Daseins.

Wenn ich mich Schwarz fühle, oder in der darauf folgenden Woche wie ein Latino, dann möchte ich doch bitte ein dementsprechend schwarzer (und "Schwarz" darf man anhand der US-Kampagne "Black lives matter", also "Schwarze Leben sind wichtig" wohl sagen) und in der darauf folgenden Woche ein Latino sein. Das möchte ich dann bitte auch so in meinen Ausweispapieren so festgehalten haben.

Was ist dann mit Menschen, die sich als Tiere fühlen? Was mit gesunden Menschen, die meinen sie wären amputiert (was übrigens als psychische Krankheit definiert ist)? Was mit Menschen, die behaupten sie seien Aliens, Napoleon, Ghengis Khan oder irgendjemand anders? Wenn die Gefühle die wir haben, bestimmen, wer wir sind, dann muss dies auch in jedem Aspekt des Lebens und für alle Gruppen gelten.

Das müsste dann übrigens auch für Menschen gelten, die sich in der BDSM-Szene bewegen. Es gibt Menschen, die möchten sich versklaven lassen, Menschen, die sich gerne auspeitschen lassen, anketten lassen und so weiter.

Genauso gibt es Menschen, die sich gerne eben jene Sklaven halten würden, die masochistische Menschen gerne auspeitschen würden, oder sie anketten. Das ist dann aber Freiheitsberaubung, Körperverletzung und so weiter.

Wenn aber das bloße Gefühl etwas zu sein, meine ganze Identität bestimmt, wo soll dann die Grenze gezogen werden? Es darf dann keine Grenze geben, denn es gibt die unterschiedlichsten Menschen, die sich auf die unterschiedlichste Art identifizieren. In dieser Beziehung ist Gender nur die Spitze eines Eisbergs, der nicht nur die Titanic versenkt hätte, sondern der das Gleiche mit der ganzen westlichen Welt zu tun vermag.

Die große Herausforderung für die Aktivisten besteht darin, zu erklären, warum das "eigentliche" oder "wahre" Geschlecht eines Menschen durch die innere Geschlechtsidentität bestimmt werden soll, aber Alter, Größe, ethnische Abstammung, Spezies und/oder "außergewöhnliche Sexualpraktiken" eben nicht dadurch bestimmt werden sollten.

Selbstverständlich kann ein Aktivist darauf antworten, dass die Identität als solche, laut Definition "lediglich" ein inneres Gefühl des Menschen ist. Aber wenn dem so ist, dann eben jene Geschlechtsidentität lediglich eine Aussage darüber, wie sich der Mensch fühlt. Zu sagen, ein Mensch sei Transgender würde also nur bedeuten, dass eben jener Mensch lediglich das Gefühl hat, dem anderen Geschlecht anzugehören.

Das in sich würde keinerlei Auswirkung auf das tatsächlich vorhandene Geschlecht haben. Aktivisten behaupten jedoch, dass die geschlechtliche Identität das Geschlecht dieses Menschen ist.

Auf der einen Seite beanspruchen die Aktivisten die volle Autorität der Wissenschaft für sich, wenn sie Ansprüche stellen, und sagen, die Geschlechtsidentität wäre angeboren und unveränderlich. Auf der anderen Seite leugnen sie jedoch die biologischen Grundsätze, und bestehen darauf, dass Menschen frei wählen können, wer sie sein wollen.

Ist unsere Geschlechteridentität nun nach den biologischen Grundsätzen bestimmt, oder frei wählbar? Was ist mit Menschen, die sich erst nach vielen Jahren dem anderen Geschlecht zugehörig "fühlen"? Lagen diese Menschen dann vorher falsch, oder wenn sie sich umentscheiden? Und warum sollten andere Menschen, die Geschlechteridentität eines Menschen akzeptieren?

Wenn wir Menschen den Freiraum lassen wollen, ihr Geschlecht selbst nach ihren Gefühlen zu wechseln, dann müssen wir auch so frei sein, dass wir anderen Menschen zugestehen, eben jene als das zu sehen, was sie sind. Tun wir dies nicht, dann würden wir Freiheit nur für eine kleine Minderheit der Bevölkerung definieren. Der Rest der Bevölkerung müsste sich dann der Freiheit eben jener Minderheit unterordnen.

Die Kernaussage der Aktivisten ist, dass Gefühle die Realität bestimmen. Aus dieser Ideologie und Theorie heraus werden die wildesten Forderungen an die Gesellschaft gestellt. Das Verstörende dabei ist, dass unsere Politiker dabei mitspielen, und diesen Wahnsinn nicht unterbinden, sondern sogar noch unterstützen.

Im gleichen Maße haarsträubend ist es, dass die Meisten derer, die sich für die Gendertheorie starkmachen, gleichwohl der unkontrollierten Massenzuwanderung aus muslimischen Ländern zustimmen. Hat man in Aktivistenkreisen noch nichts davon gehört, dass in diesen Ländern außer Mann und Frau, Jungen und Mädchen und heterosexuellen Beziehungen nichts erlaubt ist? Glauben sie, sie könnten die eingefahrenen Strukturen dieser patriarchalischen Kultur umstoßen? Glauben sie, sie könnten plötzlich ein allumfassendes Verständnis für Schwule, Lesben, Queer, Transgender und was es noch so alles gibt hervorbringen? Man muss schon sehr naiv sein, um so zu denken.

Und nein, was ich hier geschrieben habe, soll nicht bedeuten, dass wir morgen die Türen der Aktivisten einrennen sollen! Es soll lediglich bedeuten, wenn die Gendertheorie in Kindergärten oder Schulen verbreitet werden soll, dass wir sie dann in Diskussionen, in Unterredungen, zur Rede stellen, sie entlarven, ihnen die wenigen Argumente nehmen, die sie haben. Friedlich und mit Verstand zur Wehr setzen.

Auch Alice Schwarzer übt übrigens (als einzig mir bekannte Frauenrechtlerin) Kritik an den Aktivisten: Sie sagt, dass radikale Gedankenspiele hinsichtlich der eigenen Identität nichts daran ändern, dass eine Frau von anderen als solche wahrgenommen und entsprechend behandelt wird. Die Auflösung der Identität als Frau führe auch dazu, dass in der Queer-Szene nur noch über Rassismus, nicht aber über Sexismus gesprochen werde.

Auch sprächen sich viele Aktivistinnen nicht gegen die Frauenunterdrückung in der islamischen Welt aus, obwohl sie selbst das Recht der gleichgeschlechtlichen Beziehung wahrnehmen, das dort nicht existiert.

Rassismus ist moralisch falsch, weil niemand seine ethnische Abstammung wählen kann, und deshalb jemanden für seine Rasse zu verurteilen, bedeutet, ihn für etwas zu verurteilen, über das er keine Kontrolle habe. Ebenso ist Homophobie falsch, weil niemand seine sexuelle Orientierung wählen kann.

Aber wenn das Geschlecht ein soziales Konstrukt ist, warum ist es dann falsch, jemanden wegen seiner Geschlechtsidentität zu verurteilen? Und wenn man seine Geschlechtsidentität wählen kann, warum kann dann nicht jemand auch einfach seine sexuelle Orientierung wählen?

Die gleiche Wissenschaft, die beweist, dass Homosexualität keine Wahl ist, beweist auch, dass die Geschlechtsidentität keine Wahl ist. Warum sollte Wissenschaft ignoriert werden, sobald sie für die Ideologie der "Sozialen Gerechtigkeit" unbequem wird?

Wenn die Genderzugehörigkeit nichts weiter ist, als das Resultat von sozialer Einflussnahme, und man einfach wählt, diese soziale Beeinflussung abzulehnen und eine Geschlechteridentität zu wählen, dann ist eben jene Genderidentität nichts weiter als eine Präferenz, eine Vorliebe.

In diesem Fall gibt es keinen Anlass dazu, dass irgendjemand diese Identität respektieren muss. Denn in diesem Fall berechtigt die Wahl der Genderidentität in keinster Weise zu mehr Respekt, als die Lieblingsfarbe, die favorisierte Eiscreme-Sorte oder der Lieblings-Pizzabelag.

Ein Paradebeispiel dafür, dass Geschlecht und Gender eben kein soziales Konstrukt sind, ist die Geschichte der Zwillinge Brian und Bruce Reimer, die am 22. August 1965 in Kanada geboren wurden. Im Alter von sechs Monaten entwickelten beide eine pathologische Phimose. Das beutet, dass sich bei den Jungen die Vorhaut derart verengte, dass ein normales Wasser lassen nicht möglich wäre. Die Ärzte entschieden sich dafür, die beiden Jungen zu beschneiden.

Bruce war der Erste, bei dem der Eingriff mittels Wegbrennen der Vorhaut durch einen Elektrokauter durchgeführt wurde. Dabei wurde sein Penis derart verletzt, dass er nicht wiederhergestellt werden konnte. Die Ärzte entschieden sich, den Eingriff bei Brian nicht durchzuführen. Sein Zustand besserte sich und ein Eingriff war nicht notwendig.

Auf Anraten des Sexualwissenschaftlers John Money, der der Auffassung war, es gäbe von Geburt an keine geschlechtsspezifischen Verhaltensweisen, und das diese lediglich "antrainiert" seien, ließen die Reimers eine geschlechtsverändernde Operation über Bruce ergehen, und beschlossen ihn von diesem Zeitpunkt an, unterstützt durch Hormontherapie, als Mädchen aufwachsen zu lassen.

Money hatte den Eltern eindringlich erklärt, sie dürften Bruce, der nun Brenda hieß, nie davon erzählen, dass er einmal ein Junge war. Sie befolgten seinen Rat und sprachen nie mit ihr darüber.

Über die nächsten zehn Jahre besuchte Money einmal jährlich die Reimers, um nachzusehen, wie sich die beiden Kinder entwickelten. Seine Aufzeichnungen sprachen von einem vollen Erfolg. Brenda sei ein lebenslustiges, durchschnittliches Mädchen, das sich ganz normal entwickele.

Was die Reimers zu berichten hatten, hörte sich jedoch ganz anders an. Sie sagten, dass Brenda oft unausgeglichen, unzufrieden und aggressiv sei. Sie sagten weiterhin aus, dass sie lieber mit Jungen-Spielzeugen ihres Bruders spiele, als mit den Spielzeugen die sie hatte. Sie habe ebenfalls lieber stehend Wasser gelassen, als sich dabei hinzusetzen.

Money schlug den Eltern vor, dass sie eine weitere Operation über Brenda ergehen lassen sollten. Die lediglich behelfsmäßig konstruierte Vulva sollte in eine mehr lebensechte Vagina umoperiert werden. Zu diesem Zeitpunkt entschlossen sich die Eltern, keine Operation mehr durchführen zu lassen, und auch keine weiteren Treffen mit Money mehr abzuhalten.

In 1980, als Brenda sich mit Suizidgedanken trug, entschlossen sich die Reimers, ihr zu sagen, dass sie als Junge geboren wurde, und was geschehen war.

Brenda entschloss sich sofort dazu, kein Mädchen sein zu wollen, weil er nie eines war, und änderte seinen Namen zu David.

Er ließ mehrere wiederherstellungschirurgische Eingriffe über sich ergehen, schloss eine Testosteron-Therapie ab und ließ sich die Brüste, welche sich aufgrund der jahrelangen Östrogentherapie gebildet hatten, operativ entfernen. Er heiratete und adoptierte die drei Kinder seiner Frau.

Moneys Experiment war ein kompletter Fehlschlag und zeigt eindrucksvoll, dass unser Geschlecht, unsere Geschlechteridentität, keinesfalls das "Konstrukt des sozialen Umfeldes" ist, sondern auf die biologischen Gegebenheiten unseres Körpers zurückzuführen ist.

Von Aktivisten wird gerne ein weiterer Fall Moneys angebracht, bei dem ebenfalls einem Jungen im Kleinkindalter der Penis entfernt, und er daraufhin als Mädchen erzogen wurde. Die daraus entstandene Frau arbeite als Lastwagenfahrerin und sei in einer lesbischen Beziehung. Die "Frau" hat also einen typisch männlichen Beruf und ist in einer Beziehung mit einer Vertreterin des Geschlechts, mit dem die meisten Männer eine Beziehung eingehen. Auch das kann man im Normalfall nicht unbedingt als erfolgreichen Beweis für die Thesen Moneys sehen.

Es bleibt biologisch einfach - es gibt XX und XY, so wie Plus und Minus. Dazwischen befindet sich nichts, außer fantasievollen, wissenschaftlich nicht haltbaren, belegbaren Vorstellungen.

SEINEN NUTZEN MEHREN

„Ich schwöre, dass ich meine Kraft dem Wohle des deutschen Volkes widmen, seinen Nutzen mehren, Schaden von ihm wenden, das Grundgesetz und die Gesetze des Bundes wahren und verteidigen, meine Pflichten gewissenhaft erfüllen und Gerechtigkeit gegen jedermann üben werde. So wahr mir Gott helfe."

Klingt gut, oder?

Schade nur, dass diese Eidesformel, die von Bundespräsident, Kanzler und Ministern geleistet werden muss, im Grunde belanglos ist. Wie ich darauf komme?

Drehen wir dazu die Uhr um ein paar Jahre zurück und begeben wir uns auf eine Reise in ein märchenhaftes Land, wo Riesen sammeln und Zwerge klagen ...

Es begab sich im Jahr 2000, in einer Stadt namens Neuss. Dort wohnte ein rüstiger Rentner. Er war sehr ungehalten über die Machenschaften eines ehemaligen Kanzlers, der Parteispenden gesammelt und verteilt hatte, als wären es Pilze, die er auf dem Weg zur kranken Großmutter im Wald gefunden hatte.

Der Kanzler war schon immer gut darin gewesen, Kontakte zu knüpfen und zu pflegen. So traf er sich des Öfteren mit Industriellen, ließ sich bewirten und beschenken. Doch Geld wollte er keines. Nein, das wäre ja gegen seinen Amtseid als Kanzler. Geld wurde nur an gemeinnützige Vereine gezahlt, von denen der Kanzler natürlich nichts wusste.

Der Kanzler beteuert wieder und wieder, er habe zwar Geld angenommen. Wie viel es war, und von wem, daran konnte er sich allerdings nicht erinnern. Er habe aber auch sein Ehrenwort gegeben, dass die edlen Spender anonym bleiben, und schließlich muss das Ehrenwort eines Kanzlers ja auch etwas gelten. Vor lauter Lügen wusste der Kanzler nicht einmal mehr, was er zuvor gesagt hatte.

Und aus diesem Grund war unser rüstiger Rentner wütend. Er wollte den Kanzler, der fünf Mal den Amtseid geleistet hat, wegen Meineides anzeigen. Er erstattete Anzeige gegen den ehemaligen Kanzler, denn so hatte er gelesen "wer vor Gericht oder vor einer anderen zur Abnahme von Eiden zuständigen Stelle falsch schwört", dem droht Gefängnis nicht unter einem Jahr.

Gesagt, getan. Die Anzeige wurde aufgenommen.

Jedoch musste unser Rentner feststellen, dass es Unterschiede gibt. Unterschiede zwischen dem kleinen Bürger und den großen Herrschern. Die Staatsanwaltschaft Bonn teilte dem Rentner mit, dass es sich beim Bruch der fünf geleisteten Eide nicht um eine Straftat handele. Der Amtseid sei eben nur ein politisches Versprechen, aber kein Eid bei einem gerichtlichen Verfahren.

Der rüstige Rentner aber widersprach der Staatsanwaltschaft. Es sei nirgends die Rede davon, dass ein Eid nur in einem gerichtlichen Verfahren erfolgen könne, und immerhin sei der Bundestag ja das höchste Verfassungsorgan des deutschen Volkes und kein Kegelverein. Und im Namen eben jenes Volkes werden schließlich ja auch Gerichtsurteile gesprochen.

Unser Rentner erweiterte seine Anzeige auf den ehemaligen Innenminister, der in Hessen seinerzeit Parteigelder illegal in die Schweiz transferiert habe. Und wieder wurde er seitens der Staatsanwaltschaft abgewiesen. Gegenstand des von Kanzler und Kabinett geleisteten Amtseides sei nicht etwa der Wahrheitsgehalt von Behauptungen, sondern lediglich das künftige staatspolitische Verhalten des Eides-leistenden.

Also wandte er sich an das Nordrhein-westfälische Justizministerium, das seinerseits den Fall an die Generalstaatsanwaltschaft weiterleitete. Das Ergebnis aber blieb gleich. Es handelte sich nicht um Meineid und daher war kein Verfahren zu erwarten.

Insgesamt versuchte unser Rentner vier Mal sein Glück. Vier Mal erhielt er die gleiche Antwort. Also schrieb er an den damaligen Bundestagspräsidenten. Er wollte wissen, ob der Amtseid denn überhaupt eine Bedeutung habe, oder ob er gleichzusetzen sei, mit einem nach 12 Bier gelallten Kneipenversprechen im Sinne von "Dat schwör isch Dir beim Grab von meine Omma ihrm Dackel".

Der Bundestagspräsident gab zwar zu, dass der Amtseid in Bezug auf Gesetzestreue nicht eingehalten worden sei. Er wies jedoch darauf hin, dass der Eid lediglich die Identifizierung des Gewählten mit den in der Verfassung niedergelegten Werten und Aufgaben bekräftige. Es sei Sache der Öffentlichkeit, also der Wähler, die Qualität und den Erfolg dieser Selbstbindung, auch mit dem Stimmzettel, zu beurteilen.

Zurück im Jahr 2018 muss man sich also nicht wundern, warum man auch der derzeitigen Kanzlerin, sowie ihren Ministern, ihren vermeintlichen Eidesbruch nicht ahnden kann. Denn der Eid als solcher, ist im Grunde eine Floskel und leeres Geschwätz. Nicht viel mehr, als eine kleine Zugabe nach dem Konzert, in der die Band noch einmal einen drauflegt, um die Zuschauer so richtig zu überzeugen, dass der Auftritt gut war. Denn schließlich kaufen ja nur zufriedene Fans das nächste Album, das nächste T-Shirt, das nächste Andenken. Nur zufriedene Fans hören sich auch das dritte "Best of-Album" an, bei dem es absolut nichts Neues gibt.

Was aber, wenn man den Amtseid wirklich durchsetzen könnte? Wenn man die Eides-leistenden wirklich zur Rechenschaft ziehen könnte, wenn sie gegen den Eid verstoßen? Und wenn dem so wäre, an was müssten sich die Eides-leistenden dann eigentlich halten?

Schauen wir uns die Eidesformel noch einmal näher an, und versuchen wir herauszufinden, was eigentlich damit gemeint ist, und wie es umgesetzt werden könnte ... nein, müsste!

"... dem Wohl des deutschen Volkes widmen ..."

Das Wohl unseres Volkes soll also das Hauptaugenmerk der Regierung sein. Nun könnte man debattieren, dass des einen Nutzen, des anderen Schaden ist. Aber hier geht es um das Wohl des gesamten Volkes. Darum sollen sich also Kanzler und Minister kümmern.

Da man aber nicht davon ausgehen kann, dass das Kabinett nun täglich sämtliche Haushalte in unserem Land besucht, die Bürger zudeckt und sichergeht, dass alles in Ordnung ist, muss man den Begriff "Wohl" hier eher als "Gemeinwohl" verstehen. Das Gemeinwohl des deutschen Volkes als solches ist also oberste Priorität der Bundesregierung. Nun ja ... sollte es zumindest sein.

Nun sagte unsere Kanzlerin ja in einer ihrer Reden im Februar 2017: "Das Volk ist jeder, der in diesem Lande lebt." Diese als Kampfansage an die AFD und Pegida ausgelegte Äußerung setzt dem allseits bekannten "Wir schaffen das" noch ein Sahnehäubchen auf.

Stellt man sich bei den berühmten drei Worten die Kanzlerin im blauen Overall und gelbem Helm vor, wie sie in Baumeister-Manier mit breitem Grinsen auf die Frage "Können wir das schaffen?" antwortet, so unternimmt sie es hier, die Definitionen von Begriffen neu zu regeln. Ganz abgesehen von einer Änderung der Bestimmungen des Grundgesetzes.

Das Volk eines Staates besteht in Definition, ungeachtet kultureller und ethnischer Zugehörigkeiten, aus den Staatsangehörigen eines Völkerrechtssubjekts, also eines Staates. Die Staatsangehörigkeit wiederum ergibt die Staatsbürgerschaft.

Wie aber wird man in Deutschland zum Staatsbürger? Hier gibt es einige Regeln, die im Grunde kurz zusammengefasst werden können.

- Durch Geburt, wenn mindestens ein Elternteil deutscher Staatsbürger ist.
- Durch Adoption durch einen deutschen Staatsangehörigen.
- Durch Geburt, wenn beide Elternteile Ausländer sind, mindestens einer der Elternteile jedoch seit mindestens acht Jahren in Deutschland lebt, und eine unbefristete Aufenthaltsgenehmigung besitzt.

Es gibt noch einige Sonderregelungen für Spätaussiedler und Vertriebene, auf die wir hier aber nicht näher eingehen müssen.

Nun regelt das Grundgesetz in Artikel 116, dass Deutscher im Sinne des Grundgesetzes derjenige ist, der die Deutsche Staatsangehörigkeit besitzt, oder als "Flüchtling oder Vertriebener deutscher Volkszugehörigkeit", oder als dessen Ehegatte oder Abkömmling im Gebiet des Deutschen Reiches nach dem Stand von 1937 Aufnahme gefunden hat.

Unsere Kanzlerin irrt sich also, wenn sie behauptet, dass jeder, der in diesem Lande lebt, auch Teil des deutschen Volkes ist. Als Kanzlerin müssten ihr diese Regelungen und Bestimmungen eigentlich geläufig sein. Warum sie jeden hier lebenden Menschen als Teil des deutschen Volkes ansieht, darüber muss man nicht weiter diskutieren. Von "Wir schaffen das" schwenkten wir auf "Nun sind sie nun mal hier". Also was liegt näher, als sie im Handumdrehen zum Volk zu zählen.

In Anlehnung an bekannte Bilder aus dem Internet könnte man auch sagen "Bloß, weil eine Katze im Pferdestall zur Welt kam, ist sie noch lange kein Pferd". Warum also vermischt die Kanzlerin hier Staatsbürger verschiedener Länder als deutsches Volk? Die Antwort ist einfach.

Nachdem die Willkommenskultur nach und nach abgeebbt ist, und inzwischen auch viele derer, die einst klatschend und Blümchen schwenkend an Bahnhöfen standen bemerken, dass ungebremste und unkontrollierte Migration erhebliche Risiken und Probleme mit sich bringt, versucht die Kanzlerin mit allen Mitteln, um Verständnis zu bitten.

Sie ist bestrebt, in der Bevölkerung ein Zusammengehörigkeitsgefühl mit den

Migranten zu bewirken, und somit noch immer ihre eigenen Taten zu rechtfertigen.

Folgt man jedoch den allgemeingültigen Definitionen, sowie der gültigen Gesetzeslage in Deutschland, so besteht das Volk keinesfalls aus allen hier lebenden Menschen, sondern lediglich aus den Deutschen Staatsbürgern. Und deren Allgemeinwohl soll sich die Regierung widmen.

Würde das aber nicht auch bedeuten, dass eine unkontrollierte Zuwanderung, unkontrollierter Familiennachzug, offene Grenzen und ein fehlendes funktionierendes Einwanderungsgesetz dem Wohl des deutschen Volkes schadet? Würde das nicht auch bedeuten, dass das Wohl des deutschen Volkes direkten oder mittelbaren Schaden nimmt, wenn durch die zuvor genannten Dinge die Verbrechensstatistiken nach oben schnellen, sich mehr Straftaten gegen Bundesbürger ereignen, man kaum noch zu einer öffentlichen Veranstaltung gehen kann, ohne Anti-Terror-Sperren und eine, verglichen mit noch vor einigen wenigen Jahren, erhebliche Polizeipräsenz zu sehen?

Das oft beschriebene Beispiel des eigenen Hauses drängt sich, berechtigterweise auf. Wenn Fremde an unserer Tür klingeln und darum bitten, vorübergehend bei uns wohnen zu dürfen, so helfen wir vielleicht, wenn sie ihr Anliegen glaubhaft machen können. Wenn es wiederholt an der Tür klingelt, werden wir vielleicht auch noch weiteren Menschen helfen.

Wenn aber die eigene Familie darunter leidet, das Geld zur Versorgung der Familie knapp wird und die Sicherheit der eigenen Familie nicht mehr gewährleistet ist, dann werden wir die Tür verschließen. Wir werden darauf achten, dass wir nur so viele Menschen in unser Haus lassen, wie wir auch versorgen und unterbringen können.

Diese simple Regel würde jeder von uns anwenden. Warum also schafft es unsere Regierung nicht, dies zu tun, wenn es sich um unser Land handelt? Wenn Menschen, die Jahrzehnte lang in unser Sozialsystem eingezahlt haben, im Alter von der Hand in den Mund leben müssen, für die Gäste unseres Hauses jedoch 27 Milliarden Euro zur Verfügung stehen, wenn wir Banken in anderen Ländern retten, während wir den Menschen in unserem Land sagen, sie müssen den Gürtel enger schnallen, dann dient dies keinesfalls dem Wohl des deutschen Volkes.

Wenn es die Regierung nicht unternimmt, unsere Grenzen zu schützen, geltendes Recht anzuwenden und bei der Aufnahme von Migranten sicherzugehen, wer da überhaupt ins Land kommt, gleichzeitig aber Weihnachtsmärkte zu Sicherheitszonen werden, dann ist dies nicht im Interesse des Wohles unseres Landes oder seiner Bürger.

"... seinen Nutzen mehren ..."

Der wahrscheinlich missverständlichste Satz der Eidesformel. Man kann diesen Satz auf zweierlei Art auslegen.

Zum einen könnte man davon ausgehen, dass hiermit gemeint ist, dass das deutsche Volk jemandem nutzen soll, die Regierung also angehalten ist, den Nutzen, den das Volk erbringt zu mehren. Getreu dem etwas salopp ausgedrückten Vergleich:

Wenn ein Schaf im Stall steht, nutze ich ihm, wenn ich ihm Futter bringe und es gut versorge. Wenn ich den Nutzen des Schafes mehre, dann bringe ich es zum Schlachter, nachdem ich es geschoren habe, und verkaufe später noch Hufe und andere nicht "verwurstbare Teile" zu anderen Zwecken. Somit habe ich den größtmöglichen Nutzen aus dem Tier geholt.

Aber gehen wir mal von der anderen Möglichkeit aus. Den Nutzen des Volkes zu mehren, dass das Volk aus den Taten der Regierung den größtmöglichen Nutzen ziehen kann. Diese Vorstellung ist bei Weitem angenehmer und nicht so verstörend, wie die andere.

Wie aber kann die Regierung nun aktiv werden, um dem Volk den meisten Nutzen ihrer Arbeit zukommen zu lassen?

Da könnte es viele Ansatzpunkte geben. Damit angefangen, dass man es vermeidet, die Rentenkassen zu plündern.

Man sorgt für eine ausreichende Versorgung der Rentner, setzt sich für eine gute Bildung unserer Kinder ein, sorgt dafür, dass unsere Kinder auf ihrem Weg durch das Schulsystem gut betreut sind und auch tatsächlich das lernen, was sie für ihr Leben benötigen. Man setzt sich für eine menschenwürdige Versorgung der Arbeitslosen sozial schwachen und kranken ein. Man richtet sein Augenmerk darauf, dass die Bürger des Landes nicht leben, um zu arbeiten, sondern von ihrer verrichteten Arbeit auch leben können.

Wie ist all dies zu erreichen? Wie kann das alles bewältigt werden, wenn das Einzige was wichtig ist, Wachstum ist? Nun dafür müsste man zunächst einmal hinterfragen, was eigentlich wirklich wichtig ist.

Für uns Bürger ist es wichtig, dass wir Arbeit haben, angemessen leben können, unsere Kinder eine gesicherte Zukunft haben, und wir uns im Alter keine Sorgen machen müssen. Soweit so einfach. Doch warum ist das für unsere Politiker nicht nachvollziehbar? Es müsste vieles geschehen, damit alle Bürger dieses Landes wieder das Gefühl haben, an der Gesellschaft teilzuhaben, und zu ihr zu gehören.

Ein Teil der Misere ergibt sich aus den Veränderungen des Sozialsystems. Die Agenda 2010, vor allem die Umstrukturierung der sozialen Sicherung, waren kein Segen, sondern ein Fluch. In kaum einem anderen Land der westlichen Welt ist der Reichtum so ungleich verteilt wie bei uns.

Die Schere zwischen Arm und Reich klafft immer weiter auseinander, die Mittelschicht erodiert vor sich hin, und eine Besserung ist nicht in Sicht.

Beginnen wir mal mit Arbeitslosengeld II, oder besser gesagt Hartz-4. Seit vielen Jahren ist Harz-4 nun, mit Ausnahme der Obdachlosigkeit, der tiefste Punkt an dem man in unserem Lande angekommen kann.

Und genau seit dieser Zeit gibt es eine Diskussion darüber, was menschenrechtlich vertretbar ist, was unmenschlich ist, und was ein Mensch zum Leben braucht. Immer wieder haben sich unsere Volksvertreter dazu geäußert, und immer wieder wurden die Empfänger von Hartz-4 erniedrigt, verunglimpft und herabwürdigend behandelt. Wenn man das mit der Darstellung von Hartz-4-Empfängern in den verschiedensten Fernsehshows kombiniert, so entsteht daraus das perfekte Bild des Schmarotzers, der sich auf Kosten der braven, arbeitenden Bevölkerung einen faulen Lenz machen will.

Dabei sollten doch eigentlich unsere Politiker mit gutem Beispiel vorangehen, und auf die Sorgen und Notstände der Bevölkerung eingehen. Das ist jedoch nicht der Fall. Einige der populärsten Äußerungen zum Thema Hartz-4 wurden seitens Thilo Sarazin, Guido Westerwelle und Jens Spahn getätigt.

In 2008 und 2009 machte Sarazin von sich reden, als er sagte Hartz-4-Empfänger sollten halt mal "... einen Pulli mehr anziehen ..." oder auch "... einfach mal kalt duschen ...";

Und generell hätten Hartz-4-Empfänger es "... viel zu gerne warm".

Guido Westerwelle sah die Problematik ähnlich, als er in 2010 davon sprach, dass Hartz-4 vor allem das Versprechen für einen "anstrengungslosen Wohlstand und spätrömische Dekadenz" sei. Nun kann man ja geteilter Meinung darüber sein, wo das Existenzminimum endet, die über die Runden kommende Mittelschicht verläuft, und wo Wohlstand beginnt. Aber man muss kein Mathematik-Genie sein, um zu wissen, dass Hartz-4 mit Wohlstand oder altrömischer Dekadenz absolut nichts zu tun hat.

Da ich ihn schon erwähnt hatte, soll auch Herr Spahn zu Wort kommen, der sich in Bezug auf Hartz-4 dahin gehend äußerte, dass Hartz-4-Empfänger auf jeden Fall nicht hungern müssen.

Fakt ist, dass die Regelsätze von Hartz-4 ein menschenwürdiges Leben, und eine aktive Teilhabe am gesellschaftlichen Leben nicht ermöglichen. Tatsächlich ist der Regelsatz von 416 Euro (für Alleinstehende) definitiv nicht genug um so zu leben, wie es laut unseren Gesetzen, vor allem dem Grundgesetz, eigentlich möglich sein müsste.

Die Fortschrittlichkeit und soziale sowie demokratische Kompetenz einer Gesellschaft zeigt sich immer im Umgang mit Minderheiten und denen am untersten Rand der Gesellschaft.

Während in den vergangenen Jahren neu angekommene Menschen in den höchsten Tönen gelobt werden, vergisst man jedoch die Menschen, die schon immer hier leben. Arbeitslose, vor allem Bezieher von Hartz-4 werden immer mehr und vehementer als faule Schmarotzer dargestellt, die, Verbrechern nicht ungleich, nur die härteste Behandlung verdienen.

Hartz-4 ist eine Farce; Ein als sozialstaatliche Notwendigkeit getarntes Bestrafungssystem, in dem Menschen degradiert und herabgewürdigt werden, und in dem sie Angst haben müssen, dass ihnen das was sie bekommen weggekürzt wird.

Vor 3 Jahren forderte der UN-Ausschuss für wirtschaftliche, soziale und kulturelle Rechte die Bundesregierung auf, "... die Menschenrechte in die Umsetzung des Armutsbekämpfungsprogramms mit einzubeziehen".

Die wirtschaftlichen Ziele unseres Systems gehen in Richtung Arbeitsbefreiung der Menschen. Daher sollte man Erwerbslosigkeit eher als Zeichen der modernen Gesellschaft begreifen. Eine Gesellschaft, in der es dennoch jede Menge zu tun gibt. Doch was wirklich zu tun ist, lässt sich oft nur freiwillig und nicht immer entlohnt ausüben.

Weil wir jedoch keine bessere Idee haben, als den Sozialstaat über Lohnnebenkosten zu finanzieren, treiben wir die Arbeitslosen wieder über Niedriglohnbeschäftigung auf den Arbeitsmarkt.

Wir halten ihnen Arbeitsunbilligkeit als moralisches Defizit vor, wo Arbeitsnachfrage faktisch fehlt und höchstens künstlich erzeugt wird.

Doch was bringt ihnen der Niedriglohn? Außer dem guten Gewissen, wenigstens etwas für sein Geld zu tun, nicht viel. Diese Menschen sind als "Aufstocker" noch immer in den Klauen des Sozialsystems gefangen. Sie werden dazu angehalten, sich einen Zweit- oder Drittjob zuzulegen. Für Kindeserziehung bleibt dabei keine Zeit, also müssen die Kinder in den Nachmittagsbetreuungen der Schulen untergebracht werden. Vollständig in der Erziehungsgewalt des Staates, und größtenteils von einer ausgleichenden Erziehung durch das Elternhaus entfernt.

Wie rutscht man aber als Hartz-Empfänger unter das Existenzminimum? Hartz-4 selbst ist im Grunde bereits unter dem, was man als menschenwürdiges Existenzminimum ansehen müsste, da die bei Weitem zu niedrigen Sätze unter dem liegen, was Menschen wirklich benötigen würden, um in Würde und nicht abseits der Gesellschaft zu leben. Leider ist Hartz-4 jedoch noch immer das, was seitens der Regierungen als Minimum angesehen wird.

Das Problem beim "Fördern und Fordern"-Slogan der Jobcenter liegt darin, dass es mit der Förderung eher mau aussieht, die Forderungen jedoch sehr groß geschrieben werden. So muss zum Beispiel ein Hartz-4-Empfänger jede zumutbare Arbeit annehmen.

Wenn zum Beispiel eine Arbeitslose Frau dazu genötigt wird, eine Stelle im Tierheim anzunehmen, obwohl sie an Kanophobie (Angst vor Hunden) leidet, und ihr das Jobcenter auf ihre Einwände hin den Regelsatz kürzt, so ist dies definitiv nicht mit den Regeln des Grundgesetzes vereinbar.

Laut Grundgesetz haben wir die freie Wahl des Arbeitsplatzes. Nun ist es verständlich, dass man Hartz-4-Empfänger aus dem Leistungsbezug bekommen will. Das sollte das Ziel eines jeden Leistungsempfängers sein. Aber wenn es Formen, wie die zuvor beschriebene annimmt, dann stellt sich die Frage, wo da denn noch die

Selbstbestimmung bleibt.

Peter Weiß, Vorsitzender der Arbeitsgruppe Arbeit und Soziales der Union-Bundestagsfraktion sagte unlängst, dass Hartz-4 wird von Steuergeldern finanziert werde, und die Steuerzahler müssten verlangen können, dass der Leistungsempfänger alles unternimmt, um die Hilfesituation zu überwinden. Im Ansatz hat Herr Weiß natürlich recht. Leistungsempfänger müssen alles in ihren Möglichkeiten liegende unternehmen, um aus dem Leistungsbezug zu kommen. Das Problem besteht jedoch darin, dass sehr oft keine ausreichenden Stellen zur Verfügung stehen. Und wenn man nicht gewillt ist, die freie Wahl des Arbeitsplatzes aus dem Grundgesetz zu streichen, so muss man den Leistungsempfängern zumindest in gewissem Maße dieses Recht auch zusprechen.

Was Herr Weiß jedoch nicht in seiner Äußerung in Betracht zog, ist die Tatsache, dass wir Steuerzahler auch seine Bezüge, sowie die Bezüge der anderen Abgeordneten, Minister und Volksvertreter bezahlen. Und dass wir auch in dieser Hinsicht eine Gegenleistung erwarten. Die Teilung der Gesellschaft voranzutreiben und das Bild des faulen, alkoholabhängigen Hartz-4-Empfängers zu schüren ist der Sache nicht förderlich.

Solange die Jobcenter die Möglichkeit haben, Leistungen zu kürzen, sogar bis auf 0 % vom Regelsatz, solange wird die Zahl der Obdachlosen steigen, solange werden immer mehr Menschen unter das Existenzminimum rutschen. Eine Lösung für das Problem der Sanktionen wären zum Beispiel Sachleistungen. Sollte ein Hartz-4-Empfänger ohne triftigen Grund einen Termin beim Jobcenter nicht wahrnehmen, so wird der Regelsatz materiell gekürzt. Er erhält jedoch noch genug um Miete, Strom etc zahlen zu können.

Ansonsten erhält er Sachleistungen, in Form von Essensgutscheinen, die in Supermärkten einlösbar sind. So ist die Versorgung gewährleistet, der Leistungsbezieher kann jedoch nicht mehr frei entscheiden, was er mit seinem Geld macht.

Eine andere Möglichkeit wären soziale Arbeitsstunden. Sanktionierte Leistungsbezieher müssten eine zu spezifizierende Anzahl (je nach "Härte des Vergehens") an Stunden gemeinnütziger Arbeit leisten.

Des weiteren würde ein "Anreiz- und Belohnungssystem" mittel- bis langfristig den Leistungsbeziehern eher helfen, dem Leistungsbezug zu entfliehen, als die bisherigen Regelungen dies tun.

Derzeit kann ein Leistungsbezieher 100 Euro hinzuverdienen. Bei einem höheren Verdienst wird das Einkommen gestaffelt nach der Höhe des Einkommens, angerechnet. Wenn man nun zum Beispiel einem Leistungsbezieher gestatten würde, für einen begrenzten Zeitraum, beispielsweise ein oder zwei Jahre einen höheren Satz des Einkommens ohne Anrechnung zu behalten, so wäre dies ein weitaus größerer Anreiz, eine Beschäftigung zu finden, auch wenn das Einkommen angerechnet wird.

Wenn dieser regelmäßige Zuverdienst über ein oder zwei Jahre gegeben wäre, dann hätte sich der Leistungsbezieher im Grunde selbst in den Arbeitsmarkt integriert, und könnte leichter in eine Vollzeitbeschäftigung, beziehungsweise eine Beschäftigung die es ihm erlaubt ohne Zahlungen des Jobcenters zu leben, vermittelt werden.

Ein absolutes Minimum an Hilfe, um den minimalen Existenzbedarf zu decken, muss sanktionsfrei bleiben. Sei es, wie zuvor erwähnt durch Kürzung als Sachleistungen oder auf andere Art. Aber es kann nicht sein, dass in unserem Lande Menschen, die durch die unterschiedlichsten Umstände auf diese Leistungen angewiesen sind, schlechter behandelt werden, als die Insassen einer Haftanstalt.

Laut Grundgesetz ist die Bundesrepublik ein sozialer Rechtsstaat und in einem solchen sollte es als undenkbar gelten, und unmöglich sein, einem Menschen seine Nahrung oder sein Obdach zu nehmen, weil er einen Fehler begangen hat. Das ist weder sozial, noch folgt es einem rechtsstaatlichen Prinzip, wenn man in einem solchen auch die Menschenrechte achten will.

Es geht bei Hartz-4 aber leider nicht um die Bürger dieses Landes, sondern es geht um Geld, um viel Geld.

Der Niedriglohnsektor, dem es durch die Reformen der Schröder-Regierung erst möglich wurde solch ungeahnte Höhen zu erklimmen, ist ein sehr gutes Geschäft ... für die Wirtschaft, für Zeitarbeitsfirmen, Anbieter von Fortbildungskursen und Maßnahmen, sowie auch für die Politiker, die mehr oder weniger eng damit verbunden sind.

Und wer sich immer wieder dem Argument hingibt, dass es ja schließlich nicht

Aufgabe des Steuerzahlers sei, Millionen von faulen Menschen durchzufüttern, der sei daran erinnert, dass der Staat alleine in diesem Jahr über zweistellige Milliardensummen in Menschen investiert, die noch nicht einen Euro in unsere Sozialsysteme einbezahlt haben, und dass die meisten dieser Menschen dies auch nicht tun werden. Dem sei gesagt, dass unser Staat eben jenen Menschen weiterhin kostenlose Gesundheitsleistungen zubilligt, ohne Zuzahlungen, ob Operationen, ob Zahnersatz.

Dem sei gesagt, dass diese Menschen alleine im vergangenen Jahr über 4,2 Milliarden Euro ins Ausland überwiesen. Ein durchschnittlicher Bundesbürger, der Hartz-4 bezieht, gibt sein Geld auch hier aus. Es fließt zurück in die Wirtschaft. Die Gelder, mit denen die zuvor genannten Menschen subventioniert werden fließen zu einem nicht unerheblichen Teil ins Ausland, und werden der hiesigen Wirtschaft entzogen.

Man sollte sich als Bundesbürger, der über mehr als zwei gleichzeitig funktionierende Synapsen verfügt überlegen, wen man an den Pranger stellt, wen man verurteilt, und für wen unser Sozialstaat zu sorgen hat.

Es gibt ein Augen öffnendes Beispiel einer alleinerziehenden Mutter: Sie ist freiberuflich als Grafikdesignerin tätig und lebt mit ihrer Tochter (19) zusammen. Die Tochter macht ein Studien vorbereitendes unbezahltes Praktikum. Kunden der Mutter sind sehr zufrieden mit der geleisteten Arbeit im Grafik- und Mediendesign, zahlen jedoch die vereinbarten Honorare nicht, da die Zahlungsmoral (nicht nur von Privatkunden) heutzutage sehr zu wünschen übrig lässt. Die Mutter hat bald alle Reserven aufgebraucht, geht zum Jobcenter und bittet um Hilfe und Rat.

Dort wird ihr gesagt, dass die Tochter auf der Stelle das Praktikum abbrechen muss und im Grunde bereits einen Tag später im Callcenter zu sitzen hat. Würde die Tochter ausziehen, so würde das als "Herbeiführen der Hilfebedürftigkeit" gewertet werden und zu 100 Prozent sanktioniert werden. Auch für die Mutter.

Überhaupt bräuchte die Tochter nicht zu studieren, sondern könne ja eine Ausbildung machen. Der Staat wäre nicht dazu da, Studiengänge zu finanzieren.

Wo bleibt bei diesem Beispiel die freie Berufswahl der Tochter. Wenn man davon ausgeht, dass die Tochter auch die dementsprechenden Noten hat, ein Studium zu beginnen, und auch Aussicht auf Erfolg hat, so wird hier die freie Berufswahl beschnitten und völlig außer Acht gelassen. Es wird der Tochter auferlegt, sie solle im Niedriglohnsektor arbeiten, statt an einer Karriere zu arbeiten, mit der sie langfristig ein besseres Leben führen könnte.

Sanktionen dienen lediglich dazu, dass schlecht bezahlte Arbeit auch weiterhin schlecht bezahlt bleiben kann, da man über die Arbeitslosen Hartz-4-Empfänger das Damoklesschwert der Leistungskürzung hängen kann, und es benutzt um sie in diese Jobs zu drängen. Es gab eine Zeit, in der man sagen konnte, wenn man nur will, dann findet man auch Arbeit. In der es hieß, wenn man keine Angestellten für seine Firma findet, dann bezahlt man nicht genug. Heute heißt es, wenn man keine Angestellten findet, dann sind die Hartzer zu faul.

Fakt ist, wer Hartz-4 bezieht, ist arm dran. Klar gibt es auch diejenigen "Hartzer", die im Fernsehen so gerne zur Schau gestellt werden. Diejenigen, die in den verschiedensten Sendungen wieder und wieder als Paradebeispiele für die Faulheit, Dummheit und Ignoranz der "Hartzer" herhalten. Nur sind eben jene nicht die Mehrheit der Leistungsbezieher.

Einige schlaue Damen und Herren haben dereinst errechnet, wie viel ein Hartz-4-Bezieher zum Leben benötigt. Nur, wie man damit wirklich all die Dinge bewerkstelligen soll, die man angeblich kann, das wurde nicht gesagt. Selbstverständlich ist es möglich Geld zur Seite zu legen, für Neuanschaffungen im Haushalt, Reparaturen an Haushaltsgeräten, PKW oder Ähnlichem, sowie zur Anschaffung von Kleidung. So zumindest ist die allgemeine Denkweise.

Die Politik ist hier gefragt. Zum einen müssten die Regelsätze deutlich angehoben werden. Sanktionen müssen wegfallen, beziehungsweise wie zuvor beschrieben geändert werden. Die Mitarbeiter der Jobcenter müssen mehr Möglichkeiten bekommen, um auf die einzelnen Klienten einzugehen, die Beratung und Hilfe individuell anzupassen, und nicht nach einem festgelegten Schema abzuarbeiten wie Roboter.

Wenn Politiker, die von unseren Steuergeldern sehr gut leben und sich jährlich selbst das Gehalt erhöhen können (der Begriff "Diäten" ist mehr als zynisch) den Bürgern sagen, dass diese den Gürtel enger schnallen müssen, dann kommt man nicht umhin, an der Loyalität dieser Menschen gegenüber dem Wahlvolk zu zweifeln. Und wenn man dann bedenkt, dass es noch immer Bundesbürger gibt, die diese Politiker auch wählen, wieder und wieder, dann kann man den Glauben an die Zukunft unseres sozialen Rechtsstaates (zumindest war Deutschland das einmal) verlieren.

Wie die Antwort der Bundesregierung auf eine Anfrage der Linken Bundestagsfraktion ergab, sind im Schuljahr 2018/19 über eine Million Schulkinder auf Unterstützung vom Jobcenter angewiesen. Laut den Angaben des Berichtes waren das 5.000 mehr als im August 2017 und 46.000 mehr als im Februar 2016. Nicht nur sind diese Zahlen erschreckend, sondern auch die Höhe der Unterstützung ist nicht ausreichend. Der Betrag für Schulbedarf liegt seit 10 Jahren unverändert bei 100 Euro pro Schuljahr. 70 Euro zum Schuljahresbeginn und weitere 30 Euro zu beginn des zweiten Halbjahres.

Von einer Gleichbehandlung der Kinder aus Familien, die auf das Jobcenter angewiesen sind, kann hier nicht die Rede sein. Eine vergleichbare Mittelstands-Familie gibt ein Vielfaches, der durch die Jobcenter ausgezahlten Beträge aus. Nicht um zu protzen oder anzugeben, sondern weil die Dinge, die benötigt werden einfach mehr kosten, als die bedürftigen Familien zustehenden 100 Euro pro Schuljahr. Hinzu kommt, dass die größten Discounter, bei denen die Empfänger der Jobcenter-Unterstützung ja zumeist einkaufen müssen, ihre Schulbedarf-Sonderangebote bereits einige Wochen vor Auszahlung des Schulbedarf-Geldes anbieten. Somit ist es den bedürftigen Familien nicht möglich, diese Angebote zu nutzen.

Nebenbei bemerkt sei noch, dass der Focus in seiner online Ausgabe vom 23.08.2018 berichtet, dass die Zahl der Hartz-4-Empfänger trotz sinkender Arbeitslosenzahlen (wenn man denn der Statistik glaubt) nicht gesunken ist.

Laut dem Bericht liegt dieser Umstand vor allem daran, dass die Zahl der Arbeitnehmer, die zusätzlich auf Hartz-4 angewiesen sind, stetig steigt.

Das Problem der "Aufstocker" gab es in dieser Art vor Hartz-4 auch nicht. Menschen konnten von ihrer Arbeit leben, ihre Familie ernähren und den einen oder anderen Groschen zurücklegen. In der heutigen Zeit gibt es mehr und mehr Menschen, die als Aufstocker zusätzlich zu ihrem Verdienst auf Leistungen des Jobcenters angewiesen sind. Nicht selten betrifft dies sogar Menschen, die mehr als einen Job ausüben.

Wenn uns die Regierung erzählt, dass es Deutschland und den Deutschen noch nie so gut ging wie heute, dann vergisst man dabei zu erwähnen, dass der wirtschaftliche Aufschwung und die daraus stammenden Gelder ungleich verteilt sind. Die Industrie und die wenigen wirklich reichen Menschen im Lande haben mehr und mehr Geld zur Verfügung. Ihnen geht es in der Tat sehr gut, und sie schwimmen auf der Erfolgswelle des wirtschaftlichen Aufschwungs in neue Höhen.

Der kleine Bürger jedoch, der am unteren Ende der Gesellschaft versucht sein Leben mehr oder weniger angenehm zu gestalten, der profitiert nicht vom wirtschaftlichen Aufschwung. Der kleine Angestellte oder Arbeiter erhält, wenn er Glück hat, Lohnerhöhungen, die nicht einmal ausreichen, um die Steuererhöhungen und die stetig steigenden Preise für Konsumgüter auszugleichen.

Wird durch den Sozialabbau und das Beharren auf Hartz-4 der Nutzen des Volkes gemehrt? Nein. Aber das Sozialsystem ist ja zum Glück nicht der einzige Faktor, wenn es um den Nutzen des Volkes geht.

Es gibt ja auch noch die Renten. Der Grundgedanke ist genial. Über die Jahre, in denen man arbeitet, zahlt man in eine Rentenversicherung ein. Sollte man zu denen gehören, die alt genug werden, so erntet man später die Früchte der Einzahlungen, und kann sich im Alter versorgt wissen, denn man bekommt eine Altersrente, von der man angemessen leben kann.

Soweit der Grundgedanke, soweit auch das System, wie es in der Vergangenheit auch funktionierte. Doch inzwischen hat man als Arbeitnehmer nicht mehr unbedingt die Gewissheit, auch im Alter gut versorgt zu sein. Auch nicht, wenn man ein ganzes Arbeitsleben lang einbezahlt hat. Aber warum ist das so?

Nun, auch dafür müssen wir zunächst wieder ein wenig in die Vergangenheit. Gegen Ende der 90er Jahre war der Markt für Lebensversicherungen langsam rückläufig. Mit dazu beigetragen hat die Tatsache, dass die Rendite aus Rentenpapieren, in denen die Lebensversicherer traditionell das Geld der Kunden anlegten, sanken. Auch hatte die Bundesregierung den Garantiezins, der auf jeden Fall an die Kunden gezahlt werden, muss von ehemals vier auf lediglich 1,75 Prozent gesenkt.

Das verursachte den Versicherungsgesellschaften Kopfschmerzen. Ein Alternativprodukt musste her. Die private Altersversorgung wäre da ein ideales

Produkt. Jedoch waren zu diesem Zeitpunkt die gesetzlichen Renten noch stabil. Was also kann man als Versicherungsunternehmen tun?

Man sorgt dafür, dass die gesetzliche Rente nicht mehr attraktiv und ausreichend ist. Somit wäre dann ein Bedarf für das Produkt private Altersvorsorge gesichert. Nur kann man als Versicherungsunternehmen nicht unbedingt selbst auf den Plan treten, und die gesetzliche Rente in den Boden stampfen. Was also tun?

Man nehme einfach ein paar "unabhängige Experten". Zum Beispiel einen Wirtschaftsexperten und einen ehemaligen Ministerpräsidenten, wie seiner Zeit die Herren Miegel und Biedenkopf. Diese beiden Herren ernennt man nun ganz gekonnt zu DEN Rentenexperten Deutschlands. Einfach gesagt, und einfach getan. Man eröffnet ein Institut, das Institut für Wirtschaft und Gesellschaft (IWG) in Bonn.

Damit das IWG nun auch zu den Ergebnissen kommt, die man als Versicherungsunternehmen benötigt, schaltet man einfach ein weiteres Institut dazwischen, das dafür sorgt. So geschehen mit dem Deutschen Institut für Altersvorsorge, das DIA, das sich auf seiner Internetpräsenz auch schick als "Die Denkfabrik" bezeichnet.

Besagtes Institut wird von einigen der größten Versicherungsunternehmen finanziert, denn natürlich muss man ja sichergehen, dass es auch dem IWG in Bonn die Ratschläge gibt, die einem als Versicherer nutzen.

Nun kommen die Institute natürlich zu dem Schluss, dass die gesetzliche Rente nicht ausreichend und zu teuer ist. Eine Privatvorsorge ist der einzige Rettungsring in dieser Situation. Nur leider war zu diesem Zeitpunkt die gesetzliche Rente noch immer zu hoch, und das Produkt private Altersvorsorge wollte nicht wirklich greifen.

Was also tun? Es war 1998, die politische Stimmung stand nach vielen Jahren mit Helmut Kohl an der Regierung auf Veränderung. Was also besser, als einen Kanzlerkandidaten zu unterstützen, der den Versicherern hilft, ihr Produkt unter die Bevölkerung zu bringen? Gesagt, getan. Und durch die vehemente Unterstützung vom AWD-Gründer Maschmeyer wurde Schröder zunächst, nachdem man den Privatrenten-Skeptiker Oskar Lafontaine aus dem Rennen geworfen hatte, Kanzlerkandidat und danach Bundeskanzler.

Böse Zungen behaupten, dass Herr Schröder dann, nach Beendigung seiner Zeit als

Bundeskanzler von Herrn Maschmeyer die Summe von zwei Millionen Euro dafür erhielt. Offiziell sei das Geld das Garantiehonorar für Schröders Memoiren. Jedoch bestritt der betreffende Verlag dies und gab an, das Garantiehonorar hätte lediglich eine Million betragen.

Doch zurück zum Ablauf. Mit Schröder am Ruder begann nun die Kürzung der gesetzlichen Renten, verbunden mit der Förderung der privaten Rente. Mit Schaffung der Riester-Rente hatte sich somit eine schier endlose Goldader für die Versicherungsgesellschaften aufgetan. Doch auch das reichte den Versicherern nicht aus. So drängte man darauf, dass eine Expertenkommission gebildet wird, um zu prüfen, ob nicht eine weitere private Vorsorge nötig sei.

Und schon war die Rürup-Kommission geboren. In dieser befanden sich dann weitere "unabhängige Experten", wie zum Beispiel der gute Herr Rürup selbst, Vorstandsmitglied der AXA, sowie der Gothaer Versicherungen. Weiterhin ist er Vorstandsvorsitzender des Mannheim Research Institut for the Economics of Aging, kurz MEA. Das Institute wiederum wird von den Versicherungsfirmen unterstützt. Ein weiterer, der Kommission angehöriger, "unabhängiger Experte" war Herr Raffelhüschen, der im Vorstand der ERGO und Victoria saß.

Die Kommission kommt in ihrer "unabhängigen Studie" zu dem Ergebnis, dass die gesetzliche Rente gesenkt werden muss. Was also tut unser Kanzler? Er senkt das Rentenniveau der gesetzlichen Rente, was mehr Umsatz für die Versicherungsunternehmen bedeutet, da ja nun mehr Bürger eine private Altersvorsorge in Anspruch nehmen.

Was wieder einmal hervor sticht, ist die Tatsache, dass all diejenigen, die hart daran gearbeitet haben, die gesetzliche Rente zu ruinieren, gar nicht auf diese gesetzliche Rente angewiesen sind. Zahlen muss wie immer der kleine Bürger, derjenige, der im Endeffekt immer zahlen muss.

Laut einer im Dezember 2017 veröffentlichten Studie der OECD liegt das Rentenniveau (die Höhe der monatlichen Rente eines Durchschnittsverdieners nach 45 Arbeitsjahren im Verhältnis zum Durchschnittslohn) in Deutschland im Vergleich mit anderen Ländern am unteren Ende. Schlechter geht es lediglich den Rentnern in Mexiko, Polen, Chile, Großbritannien und Japan. Deutschland liegt derzeit um 12 %

unter dem Durchschnittsniveau.

Zum Vergleich liegt das Rentenniveau bei unseren Nachbarn in Österreich bei 90 %. Wem das noch keine Tränen in die Augen treibt, dem sei geholfen. Österreichische Rentner erhalten Urlaubs- und Weihnachtsgeld durch die Zahlung von insgesamt 14 Monatszahlungen, statt wie bei uns 12. Einer der Hauptunterschiede liegt bei den Beitragszahlern. Auch Staatsbedienstete Beamte zahlen zum Beispiel in die Rentenversicherung ein.

Die gesetzliche Rente, wie sie über 100 Jahre bestand hatte, war die sicherste Altersversorgung, die es gab. Die umlagefinanzierte Rente, die durch unsere Regierungen der vergangenen 20 Jahre wieder und wieder gekürzt und schlechtgeredet wurde, war so sicher, wie keine andere. Die gesetzliche Rente hat alle Krisen der vergangenen hundert Jahre überlebt. Den Finanzcrash, zwei Weltkriege, selbst eine mehr als 16jährige Kanzlerschaft von Helmut Kohl.

Das Image der gesetzlichen Rente ist heutzutage, aufgrund der kontinuierlichen Arbeit gegen das gesetzliche Rentensystem durch unsere Regierungen, sehr schlecht. Dabei hat sich das Umlageverfahren als sicherer erwiesen, als jede private Altersvorsorge. Beim Umlagesystem wird etwas umgelegt, was durch die Gesellschaft erwirtschaftet wird. Natürlich kann es hier in der Menge Schwankungen geben. Aber es wird nie ganz versiegen. Selbst nach der größten Krise wird durch die Gesellschaft weiter erwirtschaftet.

Und das erwirtschaftete wird eben dann verteilt. Auf diejenigen, die noch zu jung sind, um selbst dazu beizutragen, unsere Kinder. Auf diejenigen, die selbst erwirtschaften, und auf diejenigen, die dazu bereits zu alt sind. Und in diesem, Jahrzehnte lang funktionierenden System hat man durchschnittlich die ersten 18 Jahre vom System profitiert, die folgenden 45 Jahre eingezahlt, und dann die letzten 20 bis 25 Jahre wieder profitiert.

Das System hat in der Vergangenheit wunderbar funktioniert und würde sogar noch besser funktionieren, wenn alle daran beteiligt wären. Wenn Ärzte, Beamte, Politiker, Anwälte und Architekten zum Beispiel ebenso in das System einzahlen würden, so würde es sogar noch besser funktionieren, als es ohnehin schon in der Vergangenheit der Fall war.

Wenn das Bruttosozialprodukt steigt, der Anteil der arbeitenden Bevölkerung jedoch immer kleiner wird, so müsste man lediglich alle in der Gesellschaft mit in die Verantwortung nehmen. Das dies möglich und machbar ist, macht uns zum Beispiel die Schweiz vor.

In der Schweiz wird von allem, was man verdient ein Prozentsatz in das Rentensystem ein. Egal woher das Geld kommt. Sei es durch Arbeit, Dividenden, Mieteinnahmen und so weiter. Von allen Einkünften wird ein Prozentsatz in das Rentensystem eingezahlt. Der Prozentsatz ist geringer als bei uns, aber dafür wird er auf alle Einkünfte erhoben. Somit aber ist die Schweiz imstande, eine Rente auszuzahlen, von der man leben kann, ohne an der Armutsgrenze, oder gar darunter, existieren zu müssen.

Die nächste Lüge der Regierung besteht in der Aussage, dass unser Rentensystem gerecht ist, weil der Prozentsatz ja gleich sei, egal ob Klein- oder Großverdiener. Die Sozialversicherungsbeiträge machen zusammen rund 20 Prozent des Bruttolohns aus.

Das bedeutet also, ein Arbeitnehmer mit einem Gehalt von 2.000 Euro zahlt rund 400 Euro Sozialversicherungsbeiträge. Ein Arbeitnehmer, der 4.000 Euro verdient, zahlt rund 800 Euro. Jedoch zahlt ein Arbeitnehmer, der 8.000 Euro verdient nicht etwa, wie anzunehmen wäre 1.600 Euro. Grund hierfür ist die Beitragsbemessungsgrenze. Denn die liegt derzeit bei 6.500 Euro. Ab diesem Betrag bleibt die Höhe der zu zahlenden Beiträge gleich. Unabhängig davon, ob man nun 6.500 Euro verdient, oder 13.000.

Also müssen besser verdienende einen geringeren Prozentsatz in das Sozialsystem einzahlen, als schlechter verdienende. So viel zu sozialer Gerechtigkeit.

Vor einigen Jahren gab das Arbeitsministerium bekannt, dass die Zahl derer, die im Jahre 2030 auf Grundsicherung im Alter (die Altersvariante von Hartz-4) angewiesen sein werden bei 40 Prozent liegen wird. Bis dahin ging man in den Behörden von "lediglich" 20 Prozent aus. Nun hätte es keines Genies bedurft, um schon früher auf diese Zahl zu kommen. Jedoch ließ man sich beim Ministerium damit Zeit.

Lustig ist, dass unsere Kanzlerin kurz darauf im Bundestag stand und angab die bis dato erfolgreichste Bundesregierung zu leiten. Die damalige Ministerin, zuständig für die Behörde ... unsere jetzige Verteidigungsministerin. Nachdem die Zahlen bekannt wurden, meinte schlicht dazu, es gäbe ja immerhin noch die Riester-Rente.

Sie vergaß dabei allerdings zu erwähnen, dass eine private Altersvorsorge direkt auf die Grundsicherung angerechnet wird. Gleiches gilt für die sogenannte Mütterrente. Wenn man also über Jahre hinweg mühsam angespart hat, und in einen Riestervertrag eingezahlt hat, der am Ende weniger bringt als er soll, so hat man im Grunde lediglich dafür angespart, um ohne Grundsicherungszahlungen auf Grundsicherungsniveau zu liegen.

Wer weniger als 2.000 Euro monatlich verdient und keinen Riestervertrag hat, der hat im Alter Grundsicherung. Wer 2.000 Euro im Monat verdient und einen Riestervertrag hat, der hat ebenfalls Grundsicherung. Mit dem Unterschied, dass derjenige, der keinen Vertrag hat, in den Jahren bis dahin ein paar Euro mehr zur Verfügung hatte.

Der Großteil des angesparten Geldes, sowie der hinzugezahlten Steuergelder, kommen den Einzahlern gar nicht zugute. Sie dienen zur Zahlung der Abschlussgebühren, Provisionen und dem Gewinn der Versicherungsgesellschaften, sowie deren Aktionäre. Was daran bedenklich ist, ist nicht die Tatsache, dass dem so ist. Nein, es ist die Tatsache, dass der deutsche Michel, trotz Berichten seitens der Stiftung Warentest und einiger Politmagazine, wie zum Beispiel Monitor, bereits vor Jahren, das auch weiterhin nicht wahr haben will, und fleißig weiter einzahlt.

Ganz abgesehen davon müsste der durchschnittliche, besser verdienende Riester-Vertragsinhaber etwa 85 Jahre alt werden, um das Geld, das er über mehr als 35 Jahre einbezahlt hat, wieder zurück zu bekommen. Will man die gezahlten Beiträge mit einer Mindestrendite von drei Prozent zurückhaben, muss man in etwa 95 Jahre alt werden. Stirbt der Vertragsinhaber vorher, sind die eingezahlten Beiträge verloren, denn eine Witwen-Riester-Rente gibt es nicht. Die Gewinner bei der privaten Altersvorsorge sind einzig und allein die Versicherungen.

Wie auch beim vorangegangenen Beispiel, ist bei der Rente nicht einmal im Ansatz zu sehen, dass die Regierung, egal ob die unserer derzeitigen Kanzlerin, oder die vorangegangene Regierung unter Gerhard Schröder, im besten Interesse des Volkes gehandelt und seinen Nutzen gemehrt hat.

Dies sind lediglich zwei Beispiele, in denen die vergangenen Regierungen kläglich versagt haben, beziehungsweise genau wussten, was sie tun, und es dennoch taten ... zum Schaden des kleinen Bürgers.

Es gibt noch sehr viele Beispiele, wie der Nutzen des Volkes gemehrt werden könnte, was jedoch ausbleibt. Greifen wir hier noch ein Beispiel auf, die Preisentwicklung. Schließlich beharrt unsere Regierung ja darauf, dass es Deutschland so gut geht, wie noch nie.

Vergleichen wir einmal das Jahr 1987 mit dem Jahr 2017.

Im Jahre 1987 betrug der jährliche Durchschnittsverdienst rund 37.000,00 DM, das Rentenniveau lag bei 50,8 %. Die Arbeitslosenquote lag bei 7,8 % was bedeutete, dass rund 2,2 Millionen Menschen ohne Arbeit waren. Es gab 1,5 Millionen Sozialhilfeempfänger. Der durchschnittliche Sozialhilfesatz für eine vierköpfige Familie lag bei ca. 2120 DM inklusive Miete.

Ergänzend sollte noch angemerkt werden, dass in 1991, als erstmals die Zahl der Sozialhilfeempfänger auch Menschen aus den neuen Bundesländern mit einschloss, die Gesamtzahl zwar schneller anstieg als in den übrigen Jahren, jedoch waren es dennoch "lediglich" rund 500.000 zusätzliche Sozialhilfeempfänger. Ebenfalls anzumerken ist, dass in 1991, bei der ersten gesamtdeutschen Jahres-Arbeitslosenstatistik die Quote bei rund 6,5 % lag was bedeutete, dass 2,6 Millionen Menschen ohne Arbeit waren.

Im Jahre 2017 betrug der jährliche Durchschnittsverdienst rund 37.000 Euro, das Rentenniveau lag bei 48,2 %. Die Arbeitslosenquote lag bei 5,7 % was bedeutete, dass rund 2,5 Millionen Menschen arbeitslos waren. Es gab 4,3 Millionen ALG-2 Empfänger.

Zusätzlich kommen noch rund eine Million Empfänger von Grundsicherung im Alter und bei Erwerbsminderung hinzu. Der durchschnittliche ALG2 Satz für eine vierköpfige Familie lag bei ca. 1060 Euro zuzüglich "angemessener" Mietkosten.

Doch wie weit reichte das Geld in den beiden Vergleichsjahren?

In 1987 kostete (jeweils im Durchschnitt) ein Kilo Brot 3,06 DM, ein Kilo Kartoffeln 0,87 DM, eine Kilowattstunde Strom 0,25 DM, ein Liter Benzin 0,96 DM, ein Liter Diesel 0,92 DM und ein Liter Heizöl 0,38 DM.

In 2017 kostete (ebenfalls jeweils im Durchschnitt) ein Kilo Brot 3,20 Euro, ein Kilo

Kartoffeln 0,95 Euro, eine Kilowattstunde Strom 0,31 Euro, ein Liter Benzin 1,30 Euro, ein Liter Diesel 1,16 Euro und ein Liter Heizöl 0,57 Euro.

Lag der Verbraucherpreisindex für die Lebenshaltung in 1987 noch zwischen 80,1 und 80,4, so lag er in 2017 bei 108,1 und 110,6.

Wie könnte man diese Missstände nun beseitigen?

Schauen wir uns zunächst Hartz-4 an. Zunächst müssten die Leistungen an das wirkliche Leben in unserem Lande angepasst werden. Die Leistungen müssen den Menschen ein normales Leben ermöglichen. Selbstverständlich kein Leben im Luxus, aber ein menschenwürdiges Leben. Ein Leben, in dem genügend Geld gezahlt wird, für Schulbedarf, Kleidung und andere notwendige Anschaffungen.

Ein Leben, in dem der Warenkorb nicht nach dem Prinzip von Weißbrot mit Margarine errechnet wird, sondern von gesunden, nahrhaften Mahlzeiten. Sozialverbände und andere Hilfsorganisationen sollten unbedingt an der Ausarbeitung eines solchen, gerechten Warenkorbes mitarbeiten, und zwar nicht nur beratend, sondern mit einer zählenden Stimme.

Wie bereits in einem vorigen Absatz erwähnt, könnte man auf Sanktionen in der bisherigen Art voll und ganz verzichten. Es muss definitiv erstes Ziel bleiben, Hilfebedürftige in Arbeit zu bringen. Hierbei muss jedoch auf die Ausbildung und andere Qualifikationen geachtet werden. Aufgrund der freien Arbeitsplatzwahl müssen auch die Wünsche der Betroffenen bis zu einem gewissen, vertretbaren Grad berücksichtigt werden.

Anstelle von Sanktionen kann eine Einschränkung der Zahlungen erfolgen. Miete, Strom etc werden weiter gezahlt. Alle anderen Geldleistungen werden jedoch für die Dauer der Sanktion in Form von Gutscheinen ausgegeben. Alternativ hierzu könnten verpflichtende gemeinnützige Arbeitsstunden als Sanktion angewendet werden.

Wie könnte man die Renten retten? Auch dies wäre im Grunde ein relativ einfaches Unterfangen. Man muss sich nur auf gesunden Menschenverstand zurückbesinnen, statt auf durch die Regierung bestellte "Experten" zu hören.

Ein System wie in Österreich wäre bei uns durchaus umzusetzen. Wenn man dies bisher zur Sprache brachte, dann kam als Hauptkritik, dass die Rentenbeiträge die Arbeitnehmer dort wesentlich mehr belasten. Ist dem aber wirklich so?

Die Beiträge der Rentenversicherung sind mit 22,8 % in Österreich auf jeden Fall höher als bei uns, wo der Beitrag zurzeit bei 18,7 % liegt.

Der Unterschied ist jedoch, dass die Beiträge in Deutschland zu gleichen Teilen zwischen Arbeitgeber und Arbeitnehmer geteilt werden. In Österreich zahlt der Arbeitgeber 12,55 % und der Arbeitnehmer 10,25 %. Die Beiträge für Arbeitnehmer sind in Österreich also gerade mal rund ein Prozent höher als bei uns. Man kann durchaus davon ausgehen, dass die allermeisten Arbeitnehmer lieber ein, oder selbst zwei Prozent höhere Beiträge in die Rentenversicherung zahlen würden, wenn sie das davor bewahrt, im Alter Flaschen sammeln zu müssen, oder bis zum Tode zu arbeiten.

Abgesehen davon wird bei dem Vergleich der etwas niedrigeren deutschen Beiträge mit den etwas höheren österreichischen Beiträgen, und der damit verbundenen Behauptung unsere Arbeitnehmer würden weniger zahlen, stets vergessen, dass die staatliche Rente bei uns ja nicht ausreicht. Wir sollen zusätzlich Riestern, Rürupen und so weiter. Wenn man diese Beiträge auf die Rentenversicherungsbeiträge hinzurechnet, so könnten unsere Arbeitnehmer auch Beiträge in österreichischer Höhe zahlen.

Wenn man dann sieht, dass das Rentenniveau in Österreich bei 90 % liegt, österreichische Rentner 14 Monatszahlungen erhalten (Weihnachts- und Urlaubsgeld einbegriffen) und das mit unseren Rentnern vergleicht, von denen sehr viele nach einem arbeitsreichen Leben nicht etwa ihren Lebensabend genießen, sondern auch im Alter arbeiten oder Flaschen sammeln müssen, um zu überleben, dann wünscht man sich in der Tat österreichische Verhältnisse.

Weiterhin könnte man durchaus auch Selbstständige, sowie Berufsgruppen, die bisher ihr eigenes Süppchen kochen durften, mit in die Pflicht nehmen. Auch dadurch würde das besagte Rentenmodell durchaus finanzierbar und umsetzbar werden. Eine weitere Möglichkeit wäre eine Angleichung an das Schweizer Modell, oder eine Kombination aus beiden.

Eine unbedingt erforderliche Maßnahme wäre jedoch der Wegfall der Beitragsbemessungsgrenze. Zwar ist laut unseren Gesetzen "ein Übermaß an staatlicher Vorsorge" nicht erlaubt, jedoch ist es sozialstaatlich untragbar, dass Menschen mit hohen Einkommen prozentual weniger in die Sozialversicherungen einzahlen, als Menschen mit geringeren Einkommen.

Was die gesunkene Kaufkraft der Menschen angeht, vor allem mit niedrigen Einkommen oder auf Sozialleistungen angewiesenen, so wäre die oft erwähnte Rückkehr zur D-Mark auch keine Lösung.

Auch ich werde nostalgisch, wenn ich an D-Mark-Zeiten zurückdenke, als man mit 50 Mark noch weiter kam als heutzutage mit 100 Euro. Bei einer Rückkehr zur D-Mark würden wir jedoch genauso "über den Tisch gezogen werden", wie bei der Einführung des Euro.

Wenn man sich jedoch die Länder ansieht, die den Euro seiner Zeit nicht einführten, so spricht in der Tat einiges für die Wiedereinführung einer nationalen Währung.

Der Euro als solches, mit seinen Gegebenheiten, Einschränkungen und Verbindlichkeiten kann auf die Dauer nicht erfolgreich sein. Eine Rückkehr zu einer nationalen Währung würde einige Vorteile bieten, dies jedoch auf anderem Spektrum, als bei der Kaufkraft.

"... Schaden von ihm wenden, das Grundgesetz, sowie die Gesetze des Bundes wahren und verteidigen ..."

Gehen wir hier einmal zwei Punkte in einem an. Dieser Abschnitt des Amtseides lädt geradezu dazu ein, die beiden Teile zu kombinieren, und gemeinsam unter die Lupe zu nehmen. Alleine die Worte "Wir schaffen das" öffnen eine ganze Welt, was diesen Abschnitt des Amtseides angeht. Es fällt leicht, hier beiden Teile gemeinsam heranzuziehen.

Doch beginnen wir auch hier wieder ein paar zuvor. Es ist Samstag, der 17. Februar 1962 und durch eine Sturmflut brechen in Hamburg die Deiche. Als der damalige Innensenator Helmut Schmidt morgens um 6:15 Uhr davon erfährt, begibt er sich sofort zu seiner Dienststelle. Entsetzt von den dortigen Zuständen, die er als einen aufgeregten Hühnerhaufen beschreibt, macht er sich in einem Hubschrauber selbst ein Bild von der Lage. 20 Prozent der Stadtfläche sind von 220 Millionen Kubikmeter Elbwasser überflutet.

Nebenbei erwähnt sei nur, dass sich auch damals schon, die öffentlich rechtlichen Sender nicht mit Ruhm bekleckerten.

Statt eine Warnung über die bevorstehende Sturmflut zu senden, wie vom

Seewetteramt gefordert, vertröstete man dieses auf die nächste Ausgabe der Tagesschau. Das laufende Programm wurde nicht unterbrochen.

Die neueste Ausgabe einer deutschen Comedy-Soap war wichtiger, als Menschen vor bevorstehender Lebensgefahr zu warnen.

Die ersten Schätzungen seiner Mitarbeiter, sowie von Schmidt selbst gehen davon aus, dass bis zu 10.000 Menschen den Tod finden könnten. Also macht er sich ans Werk. Er kontaktierte den europäischen NATO-Oberbefehlshaber Lauris Norstad, sowie Admiral Bernhard Rogge, den Befehlshaber der Bundeswehr im Wehrbereichskommando eins. Schmidt verlangte Boote, Hubschrauber und anderes schweres Gerät, sowie Soldaten zur Unterstützung der Hilfemaßnahmen.

Für Bürokratie, Gesetzestexte, Dienst-Rangordnungen oder juristische Ratschläge hatte er keine Zeit. Er handelte. Die NATO schickt 90 Hubschrauber. Die bis dahin bei vielen Menschen noch nicht angesehene und gerade mal sieben Jahre alte Bundeswehr schickte Hubschrauber, Soldaten, Boote und schweres Gerät. Trotz eines Flugverbotes werden in den nächsten Stunden und Tagen überlebende gerettet. Halb ertrunkene Menschen werden von Bäumen und Dächern gerettet. Neben mehr als 300 Zivilisten, verloren auch Soldaten in diesen Tagen sein Leben. Die Polizei bittet alle Bürger, Plünderer sofort festzunehmen und bekräftigt, dass sofort und ohne Vorwarnung auf Plünderer geschossen werde.

Helmut Schmidt riskierte damals seine Karriere, um Menschen zu helfen. Er achtete nicht auf Vorschriften, und handelte aus dem Bauch heraus, um den Bürgern dieses Landes zu helfen. Den Bürgern Hamburgs, für die er arbeitete. Es war für ihn eine Selbstverständlichkeit.

Im Jahre 2015 nun, stand unsere Kanzlerin vor der Presse und sagte ihre berühmt berüchtigten drei Worte "Wir schaffen das". Sie gibt an aus dem Bauch heraus gehandelt zu haben, um Elend und Not von Flüchtlingen zu lindern, und diese aufzunehmen. Worin besteht nun der Unterschied zwischen dem Handeln von Helmut Schmidt, und dem von Angela Merkel?

Helmut Schmidt handelte im besten Interesse der Bürger Hamburgs. Er befasste sich nicht mit den möglichen Folgen seines Handelns, weil er es als seine Pflicht ansah, den Bürgern schnell und unbürokratisch zu helfen. Frau Merkel hingegen handelte nicht im Interesse der Bürger, die sie ins Amt gewählt hatten.

Sie handelte nicht, um den Bürgern dieses Landes zu helfen, sie vor Leid und Not zu bewahren, oder um ihre Pflichten gegenüber den Bürgern dieses Landes schnell und unbürokratisch zu erfüllen.

Frau Merkel setzte sich über Gesetze hinweg. Das Grundgesetz, das Aufenthaltsgesetz, den Richtlinien der Dublin-Regelungen der EU. Es ging ihr nicht um die Bürger dieses Landes. Im Gegenteil, die Interessen der eigenen Bürger wurden von ihr, sowie von der gesamten Regierung, vernachlässigt.

Es wurde gelogen und verschönert, wo es nur ging.

Die Begründungen, warum wir über die Migrantenflut froh sein sollten, wechselten beinahe täglich. Von einer Lösung des Fachkräftemangels bis hin zu plumpen Behauptungen, dass das was uns die Migranten bringen würden, wertvoller als Gold wäre.

Gegner der Politik der offenen Grenzen wurden als Pack und Mischpoke beschimpft. Es fielen Bemerkungen, dass man solche Menschen einsperren solle.

Die Bundesregierung verletzte nicht nur die Pflichten gegenüber dem eigenen Volk. Bürger, die sich kritisch äußerten und mahnten, dass es sich um einen Fehler handele, wurden mit Verbrechern gleichgestellt und herabwürdigend behandelt. Dabei mahnten diese Bürger nur vor den Dingen, die heutzutage beinahe alltäglich geworden sind.

Bei Stern-TV berichtet ein ehemaliges Mitglied der AFD-Jugendorganisation, dass man sich in der AFD den Ausdruck ausgedacht habe, dass Merkel die Grenzen geöffnet habe. Fortfahrend erklärt sie, dass dies durch Abschaffung der Binnengrenzen 1995 geschehen sei.

Dies ist zwar faktisch richtig, jedoch ist die AFD-Jugendorganisation bei weitem nicht "Erfinder" des Ausdruckes, Merkel habe die Grenzen geöffnet.

Dabei geht es bei dem Ausdruck gar nicht um die physische Öffnung der Grenze, sondern darum, dass es erlaubt wurde, Menschen ungeprüft und unkontrolliert ins Land zu lassen, die sich nicht einmal ausweisen konnten. Das wiederum ist de facto eine Öffnung der Grenzen im rechtlichen Sinne, denn auch als EU-Bürger darf man nicht ohne Papiere die Grenze in ein anderes Mitgliedsland passieren.

Als Schutzsuchender, so man denn ein "echter" Flüchtling im Sinne der Konvention ist, müsste man zudem noch in dem Land verbleiben, in dem man als Erstes sicheren EU-Boden betreten hat (was immerhin seit 1990 geltendes europaweit Recht ist). In diesem rechtlichen Sinne hat Merkel in der Tat die Grenzen geöffnet.

Abgesehen von diesen Tatsachen wurde der Begriff der Grenzöffnung durch Merkel auch von einer Vielzahl angesehener Journalisten und Politiker verwendet, weil es eben auch so war. Merkel ließ die Bundespolizei keine Schlagbäume heben und Straßen öffnen. Sie ließ sie einfach jegliche Personen- und Passkontrollen aussetzen und somit jeden ins Land, egal wer er war. Schutzsuchende im Sinne der Konvention, Wirtschaftsmigranten, die ein Visum benötigt hätten, potenzielle Terroristen, jeden.

Der Merkur berichtete zum Beispiel über den September 2015 und verwendete dabei ebenfalls mehrfach den Ausdruck der Öffnung der Grenze. Bei n-tv wurde der Ausdruck ebenfalls verwendet, genauso wie im Spiegel.

Tatsächlich gab es die erste Erwähnung des Zustandes in Großbritannien. So berichtete der Independent am 25.08.2015 "Germany opens its gates", Deutschland öffnet seine Tore. Im Bericht heißt es weiter "The German decision to declare open house ..." Die deutsche Entscheidung das Haus für geöffnet zu erklären ..."

Hier wird wieder einmal billige Propaganda gegen die AFD betrieben. Werden Behauptungen aufgestellt, die so weder richtig, noch inhaltlich korrekt sind.

Wie der Merkur berichtet, schlug Innenminister de Maizière am Samstag dem 12. September 2015, eine Woche nach Merkels Einladung an die Welt, in einer Konferenzschaltung mit der Kanzlerin, sowie den Parteivorsitzenden der Regierungsparteien vor, die Grenzen zu schließen. Im Verlauf des Gesprächs einigte man sich darauf, dies auch zu tun.

Am darauf folgenden Sonntag tagte ab 14:00 Uhr ein Krisenstab unter der Leitung des damaligen Innenministers. Hundertschaften der Bundespolizei wurden in Alarmbereitschaft versetzt, Busse wurden bereitgestellt, um die Polizisten nach Bayern zu bringen, während mehrere Hundert Polizisten bereits per Hubschrauber auf dem Weg nach Bayern waren. Am Sonntag um 17:30 sollen die Grenzen dicht sein.

Dann telefoniert de Maizière erneut ... mit der Kanzlerin. Die Entscheidung die Grenzen zu schließen wird zurückgenommen.

Niemand will die Verantwortung für die Entscheidung übernehmen, auch wenn die Schließung der Grenzen und Zurückweisung der Migranten rechtlich möglich und richtig gewesen wären, wie der wissenschaftliche Dienst des Bundestages kurz darauf bestätigt.

Die Ausnahme wurde zur Regel, weil keiner der Verantwortlichen Verantwortung übernehmen wollte, weil die Kanzlerin ihren zuvor begangenen Fehler nicht eingestehen wollte.

Und so brach das Zeitalter des Umbruchs in Deutschland an. Unser Land hat sich seither verändert. Ob es jemals wieder annähernd so sein wird, wie es einmal war, das steht in den Sternen.

Martin Schulz, Kanzlerkandidat der SPD bei den Bundestagswahlen 2017 sagte in einer Talkshow mit Günter Jauch, der Terror gehöre zu den Lebensrisiken des 21. Jahrhunderts. Nach dem Terroranschlag auf den Berliner Weihnachtsmarkt am Breitscheidplatz sagte der damalige Innenminister de Maizière, man müsse mit dem Terror leben.

Anfangs wurden wir mit Bildern und Berichten überschwemmt, wie "Flüchtlinge" prall gefüllte Brieftaschen finden. Man wundert sich nicht nur, warum auf einmal so viele Brieftaschen den Weg in die Nachrichten finden, sondern auch warum plötzlich regelmäßig Brieftaschen verloren werden, die besser gefüllt sind, als das Konto eines Durchschnittsverdieners.

Gleichzeitig werden Berichte über Migranten die Straftaten begehen als Einzelfälle bezeichnet, wenn überhaupt darüber berichtet wird. Die Propagandamaschinerie läuft auf Hochtouren, um uns einzureden, dass die "Flüchtlinge" das Beste sind, was unserem Land passieren konnte. Jeder, der etwas anderes behauptet, der auf die sich immer mehr häufenden Straftaten beruft, darauf hinweist, wird als rechter bezeichnet. Wenn Gegenargumente nicht verfügbar sind, und das sind sie in den allermeisten Fällen nicht, dann wird die Nazikeule ausgepackt.

Schließlich will niemand ein Nazi sein, ein Rechter, ein Störenfried und ewig Gestriger, der am liebsten noch mit erhobener Hand grüßen würde. Als eben solcher wird man aber abgestempelt, wenn man die offizielle Version kritisiert, auf die Missstände im Land hinweist, und mahnt, dass all dies zu einer Situation führen kann, die außer Kontrolle gerät.

Regierungschefs anderer Länder, die sich nicht der Politik der offenen Grenzen und des bedingungslosen Einlasses eines jeden Menschen in ihre Länder unterwerfen, werden ebenfalls als rechte betitelt. Allen voran Victor Orban, der ungarische Regierungschef, der sein Land gegen die Migrationswelle abschottet.

Nun ist es natürlich richtig, dass es auch vor der Migrantenwelle Straftäter in Deutschland gab. Schlechte Menschen, Kriminelle gibt es in jedem Land. Es gab in Deutschland auch schon immer Vergewaltiger, Mörder und andere Kriminelle.

Dennoch stellt sich die Frage, warum man, wenn man bei klarem Verstand ist, Hunderttausende Menschen unkontrolliert ins Land lässt, ohne zu wissen, wer da die Grenze überquert.

Die von Migranten verübten Diebstähle, Vergewaltigungen, Körperverletzungen, schweren Körperverletzungen, Morde und andere Straftaten hätten nicht stattgefunden, wenn man die Grenzen nicht ohne Weiteres für jeden geöffnet hätte. Wäre bei der Aufnahme angeblicher Flüchtlinge (denn selbst etablierte Politiker geben heutzutage zu, dass eine Vielzahl der ins Land gekommenen, Wirtschaftsmigranten sind) geltendes Recht angewendet worden, hätte man Ausweisdokumente, polizeiliche Überprüfungen und andere erkennungsdienstliche Maßnahmen angewendet, so wäre eine Vielzahl an Verbrechen nicht geschehen.

Was hier auch immer wieder auffällt, ist, dass der Asylantrag des Täters bereits abgelehnt war, der betreffende oft auch bereits mehrfach in Deutschland vorbestraft ist, dennoch geduldet wurde und sich frei bewegen durfte.

Die so oft als Vorbild angesehene USA reagiert ganz anders auf solche Dinge, und zwar auch schon lange, bevor Donald Trump ins Weiße Haus einzog. Ohne Papiere ist eine Einreise in die USA nicht möglich. Versucht man ohne Ausweisdokumente die Grenze zu überqueren, wird man festgenommen. Alleine der Grenzübertritt ohne Papiere ist bereits eine Straftat.

Begeht man als legaler Einwanderer oder Flüchtling in den USA eine Straftat, so verbüßt man zunächst die betreffende Haftstrafe. Im Anschluss folgt Abschiebehaft, bis zum Datum der eigentlichen Abschiebung. In den USA wird der Schutz der Bevölkerung ernst genommen. Bei uns sind die Bedürfnisse, oder besser die

Forderungen der Migranten ein wichtigeres Gut als die Bedürfnisse und der Schutz der eigenen Bürger.

Nun kann man geteilter Meinung darüber sein, was der Grund für die Öffnung der Grenzen und die Vorgehensweise der Regierung und der ihr treuen Medien in Bezug auf die Migranten und die durch sie entstehenden Probleme ist.

Man kann sagen, dass es aus einem Schuldkomplex resultiert, der bis in die 30er Jahre und weiter zurückreicht. Die Kanzlerin ermahnte uns ja bereits, dass die Verantwortung für das Elend Afrikas in der früheren Kolonialpolitik zu suchen sei. Nun nimmt man also nicht nur die Nazikeule zur Hand, sondern paart sie mit der Kaiserreichskeule und versucht uns einzureden, dass wir aufgrund der Politik der vergangenen Jahrhunderte alle und jeden bei uns aufnehmen müsse.

Diesbezüglich würde ich dann gerne doch auch gleich mal den Spieß umdrehen. Wenn man alle nicht glorreichen Taten der Geschichte eines Landes über Jahrhunderte hinweg aufrechnen kann, dann sollten wir uns einmal Gedanken über Reparationszahlungen machen.

Zum Beispiel von Frankreich, für die Schäden, welche während der Feldzüge Napoleons entstanden. Oder von der Tschechischen Republik, Schweden, Frankreich und Dänemark, für die Schäden, welche in Deutschland während des 30-jährigen Krieges verursacht wurden. Interessant wäre auch eine Aufrechnung der durch das Römische Reich im Rahmen ihrer Feldzüge in Germanien entstandenen Schäden. Das Ganze dann aber bitte verzinst.

Der Schutz unseres Volkes muss endlich wieder in den Vordergrund rücken. Der Schutz des Volkes, das die Politiker in ihre Ämter wählt. Das Volk, das die Steuern zahlt, von denen unsere Politiker gut und gerne leben. Das Volk, das sich brav jede Steuererhöhung gefallen lässt, ohne aufzumucken.

Bei den Demonstrationen in der ehemaligen DDR war der inzwischen legendäre Ruf "Wir sind das Volk" zu hören. Wer unter uns hätte gedacht, dass man eben jenen Ruf keine 50 Jahre nach der Wiedervereinigung bereits wieder hören muss.

Wir hören ihn aber. Immer öfter und immer lauter. Zunächst noch hauptsächlich in den Bundesländern, die früher zum Staatsgebiet der DDR gehörten. Doch auch im Westen sind immer mehr Menschen enttäuscht. Enttäuscht von der Art und Weise, wie die Regierung mit unseren Steuergeldern umgeht, wie unser schwer verdientes Geld in Projekte investiert wird, die dem Volk, dass sie bezahlt, nichts nutzen. Enttäuscht von den Politikern der Altparteien, von der Politik als solches.

Doch so langsam weicht eine gewisse Politik-Müdigkeit, einem Unmut gegenüber denen, die die derzeitige Situation zu verantworten haben. Die Politiker und Parteien, die verantwortlich sind, für die derzeitige Sicherheitslage im Land, die uns immer wieder erzählen, wir müssten mit dem Terror leben, mit Morden, mit Vergewaltigungen und mit dem ständigen Gefühl des "nicht mehr zuhause seins", dass mehr und mehr Menschen beschleicht.

Die Politik-Müdigkeit weicht einem Unmut, der sich zum Beispiel mit immer größer werdendem Zulauf zur AFD äußert. Und dennoch verbarrikadieren sich unsere Politiker weiter in ihren Elfenbeintürmen, erzählen uns, dass es unserem Land noch nie so gut ging, dass man hier gut und gerne leben kann, dass unser Land völlig sicher ist, und dass alles gut wird.

Die unmündigen Kinder, denen man diese Märchen erzählt werden jedoch langsam wach. Nun ist eine gewaltsame Revolution auf jeden Fall keine Option. Gewalt löst keine Probleme, sie schafft lediglich neue, größere.

Genauso wenig, wie Gewalt den Demonstranten gegen den damaligen Bau der Startbahn West in Frankfurt geholfen hat, eben diesen zu verhindern (unser ehemaliger Außenminister Joschka Fischer weiß dies ja Selbst aus erster Hand), genauso wenig würde Gewalt heutzutage helfen, die Probleme in unserem Land zu lösen.

Im Gegenteil ... Gewalt würde lediglich denen in die Hände spielen, die jeden der sich gegen die heutige Politik ausspricht, als radikalen darstellen. Und das gilt es zu verhindern. Eine politische Veränderung jedoch, die kann und muss unterstützt werden, wenn man die Zustände in unserem Land ändern will.

In unserer Deutsch-Abschlussarbeit war eines der möglichen Themen "Was kann ich als einzelner tun, um die Politik aktiv zu beeinflussen?" Auch heute ist dies wieder aktuell. Was kann man denn als einzelner tun, um die Politik aktiv zu beeinflussen?

Nun kann man zum Beispiel wählen gehen. "Logisch", werden nun viele sagen. Doch das ist bei Weitem nicht logisch. Die Zahl der Nichtwähler war bei der Bundestagswahl 2017 auch wieder sehr hoch. Die Wahlbeteiligung lag bei 75,6 Prozent. Das bedeutet aber, dass noch immer rund ein Viertel der Bevölkerung nicht wählen ging.

Ein Teil dieser knapp 25 Prozent sind "Couchpatrioten". Diejenigen, die zuhause auf ihrer Couch sitzen, sich über die Lage im Land beschweren, aber selbst nicht wählen gehen. "Was bringt das schon?", wird dann oft gesagt. Was aber bringt es, wenn man nicht wählen geht? Das bringt eben das, was wir nun wieder bekommen haben. Eine Regierung, die rund ein halbes Jahr nach der Wahl erst zustande kam. Eine Regierung, die mit biegen und brechen zusammengeschustert wurde, und die bisher außer einer Diätenerhöhung nicht viel zustande gebracht hat.

Man stelle sich vor (Lassen wir Direktmandate, Überhangmandate usw. mal ganz außer Acht, sondern konzentrieren uns nur auf die Zweitstimmen) ...

Es gibt in Deutschland rund 61 Millionen Wahlberechtigte. Davon gingen rund drei Viertel zur Wahl, also rund 45.750.000 Millionen Menschen. Von diesen erhielt die AFD 12,6 Prozent der Stimmen. Das sind rund gerechnet 5.765.000 Stimmen.

Nun gingen also rund 15.250.000 Menschen nicht zur Wahl. Geht man von einer ähnlichen prozentualen Stimmverteilung aus, so hätte die AFD rund 1.921.500 Stimmen mehr erhalten. Das wiederum hätte bedeutet, dass die AFD beinahe ein Drittel zusätzlicher Stimmen erhalten hätte. Damit hätte die Partei ein Ergebnis von rund 20 Prozent erzielt, und hätte sogar eine Chance gehabt, zweitstärkste Kraft im Bundestag zu werden.

Nun sind diese Zahlen natürlich aufgrund des Wahlrechts nicht genau. Es gibt verschiedene Faktoren, die das Ganze beeinflussen. Aber es geht hier lediglich darum, aufzuzeigen, dass es sehr wohl einen Unterschied macht, ob man wählen geht oder nicht. Nur wenn man auch wählen geht, kann man die politische Landschaft im Lande langfristig verändern,

Was kann man sonst noch tun, um die Politik zu beeinflussen?

Es gibt regelmäßig Aufrufe an Demonstrationen teilzunehmen. Demonstrationen gegen die Regierung, gegen die Massen-Migration, gegen die soziale Ungerechtigkeit und, und, und. Aber auch hier zeigen sich wieder die "Couchpatrioten". Wenn man sich die Diskussionen in den sozialen Netzwerken anschaut, so fällt auf, dass sehr viele zwar gerne große Reden schwingen. Wenn es aber darum geht, sich selbst zu beteiligen, dann sieht die Sache anders aus.

Dann hat man keine Zeit, es ist zu nass, es ist zu trocken, zu kalt, zu heiß, der Dackel der Schwiegermutter hat plötzlich Plattfüße, die dringend behandelt werden müssen, der Goldfisch ist suizidgefährdet, der Wellensittich hat einen Termin beim Psychotherapeuten. Es besteht ein großer Unterschied zwischen dem Schreiben von unendlich vielen Posts und Tweets, und dem tatsächlichen bewegen des eigenen Hinterteils.

Nun muss man zugeben, dass in den vergangenen drei Jahren die Zahl derer, die an Demonstrationen teilnehmen zwar zugenommen hat, diese aber, wenn man sich umhört und die allgemeine Stimmung im Land ableuchtet, noch immer nicht mal im Ansatz repräsentativ für die Menge an Menschen ist, die mit der derzeitigen Lage unzufrieden ist und sich Veränderung herbeisehnt.

Nur wenn wir aktiv werden, wenn wir Zeichen setzen, wenn wir uns engagieren, nur dann können wir auch etwas verändern. Sich zuhause auf der Couch zu beschweren bringt keinem etwas.

Weder dem Einzelnen, der auf der Couch sitzt und sich beschwert, noch unserem Land. Nur wer sich friedlich organisiert und friedlich seinen Unmut äußert, friedlich aktiv wird, kann und wird etwas verändern.

Nun will ich diejenigen, die aufgrund gesundheitlicher Umstände oder dergleichen wirklich nicht an Demonstrationen teilnehmen können, nicht verurteilen. Es geht mir hier um jene, die sich lauthals beschweren, sich selbst Patrioten (kein böses Wort, wenn man bedenkt, wie viele unserer Politiker sich in den vergangenen Jahrzehnten selbst bereits als solche bezeichnet haben, beziehungsweise den Begriff nicht verurteilen) nennen, aber dann, wenn es darum geht, etwas zu tun und aktiv zu werden, so viel Elan zeigen, wie ein Bär in der Winterruhe.

Aber egal was wir als einzelner tun können, die Parteien, die Politiker, die Regierung muss endlich wieder damit beginnen, Politik für diejenigen zu machen, denen sie ihre Posten verdanken. Für das Volk, das sie gewählt hat und das sie vertreten sollen. Nicht für Menschen aus anderen Ländern, die illegal einreisen, nicht für Großkonzerne und super-reiche Familien, denen 90 Prozent des Vermögens im Lande gehören, sondern

Politik für die Bürger.

Die Menschen, die hier leben, hier aufgewachsen sind, die hier genauso schwer arbeiten, wie ihre Vorfahren, die dieses Land nach dem Krieg wieder aus der Asche geholt und aufgebaut haben.

Politik für die Bürger dieses Landes. Ohne Wenn und Aber müssen die Parteien wieder Politik für die Menschen machen, ohne die es eben jene Parteien, die Demokratie, dieses Land und die Regierung gar nicht gäbe.

Ein altes Sprichwort besagt "Beiße nie die Hand, die Dich füttert". Es wird Zeit, höchste Zeit, dass unsere Volksvertreter sich daran erinnern, und endlich wieder beginnen, Politik für die Menschen dieses Landes zu machen. Damit es den Bürgern dieses Landes wieder besser geht, damit wir wieder eine funktionierende innere und äußere Sicherheit haben, und damit auch unsere zukünftigen Generationen hier leben können.

Propaganda und Zensur

Ein mir bekannter, Pfarrer im Ruhestand sagte mir vor einigen Jahren "Wissen Sie, das Fernsehen ist eine tolle Sache. Was meinen Sie, was ein Mann wie der Propagandaminister damals mit so einem Medium hätte anstellen können". Wen er damit meinte, dürfte wohl jedem klar sein. Was mich aber an seiner Aussage so verwirrte, außer das ein ehemaliger Pfarrer so etwas sagte, war die Tatsache, dass er mit keinem Wort erwähnte, dass genau das heutzutage der Fall ist.

Unsere Massenmedien sind inzwischen zu einer Art Einheits-Propaganda-Brei verschmolzen. Am Deutlichsten ist dies bei den öffentlich-rechtlichen Sendern der Fall, wobei die privaten nicht allzu weit davon entfernt sind. Sie konzentrieren sich nur hauptsächlich auf andere Bereiche unseres Lebens.

Im öffentlich-rechtlichen Programmauftrag wird der Rundfunk als Sache der Allgemeinheit beschrieben.

Er soll als Faktor und Medium der freien Meinungsbildung dienen. Doch tut er das auch heute noch? Jedenfalls nicht in seiner ursprünglich erdachten, unparteiischen und frei informierenden Form.

Im Grunde basiert alles auf Artikel 5 des Grundgesetzes. Dieser schützt die freie Kommunikation und garantiert die Meinungsfreiheit, sowie die Informationsfreiheit. Es geht also um die Freiheit, Meinungen frei zu äußern und zu verbreiten, sowie die Freiheit von Presse, Funk, Fernsehen und Film.

Ein informeller Ausdruck für die öffentlichen Medien ist die "vierte" oder "publikative Gewalt". Die Medien haben zwar keinen Einfluss auf Gesetze oder deren Anwendung, jedoch können sie durch ihre Berichterstattung die öffentliche Meinung beeinflussen. Das macht sie zu einem wichtigen Partner der Politik. Eine Partei, die die Medien auf ihrer Seite hat, hat eine größere Aussicht auf Erfolg.

Wenn Politiker, Medienbeiräte oder Rundfunkräte darüber entscheiden, wer einen Sender führt, was, und noch wichtiger, wie berichtet wird, stirbt die Unabhängigkeit der Medien. Wenn Medien durch öffentliche Gelder, gestützt von der Politik, finanziert werden, dann ist eine unabhängige Berichterstattung unmöglich.

"Cuius regio, eius religio" hieß die Kurzform des im Augsburger Religionsfrieden festgelegten Rechtsprinzips.

Dieses besagte, dass der Herrscher eines Landes ist, berechtigt, die Religionszugehörigkeit dessen Bürger festzulegen. Heutzutage verwendet man gerne den Satz "Wes Brot ich ess, des Lied ich sing". Beide Zitate besagen im Grunde das gleiche. Das Prinzip als solches ist ja auch nachvollziehbar. Durch den öffentlich-rechtlichen Rundfunk wurde eine moderne, neue Form des Absolutismus erschaffen.

Kritik an den Regierungsparteien, egal welcher Couleur, ist entweder gar nicht, oder lediglich in solch kleinen Dosierungen vorhanden, dass sie nicht ins Gewicht fällt. Die etablierten Parteien sind im Grunde unfehlbar, egal was entschieden wird. Wagt sich jemand gegen das Establishment aufzustehen, sei es eine neue deutsche Partei, oder ein unbequemer Politiker eines anderen Landes, der Ansichten vertritt, die mit denen unserer etablierten Parteien nicht vereinbar sind, gleicht die Berichterstattung einem modernen Hexenprozess, in dem die Medien Ankläger, Richter und Henker in einer Einheit darstellen.

Diese Prozesse konnte man in den vergangenen Jahren mehrfach miterleben. Berichterstattungen über die AFD, PEGIDA, den ungarischen Ministerpräsidenten Orban, den US-Präsidenten Trump, die französische Politikerin LePen, die österreichischen Politiker Kurz und Strache glichen einander wie ein Ei dem anderen. Rechtspopulistisch war bei allen noch die freundlichste Titulierung. Alle hatten in der Tat eines gemeinsam ... sie stellten sich gegen das Establishment. Sei es hier in Deutschland, oder in anderen Ländern.

Sie vertraten und vertreten Meinungen, die nicht politisch korrekt sind, die nicht in den Mainstream der etablierten Parteien passen.

Und was liegt da näher, als sie in die rechte Ecke abzudrängen. Denn wenn es etwas gibt, was Bürger gefügig macht, dann ist es der Vergleich mit Nazis. Wir alle wissen, dass das, was in den besagten 12 Jahren deutscher Geschichte vorgefallen ist, falsch war. Was dazu geführt hat, was genau geschehen ist, das alles wollen und können wir hier nicht ausführen. Das wäre an anderer Stelle angebrachter. Darum geht es hier aber auch gar nicht.

Wenn wir einen Psychologen fragen, was die Vermittlung von Schuldgefühlen bewirkt, so wird er antworten, dass Schuldgefühle ein machtvolles Instrument sind, um Menschen zu manipulieren. Wenn es um eine Beziehung geht, dann gilt die Vermittlung von Schuldgefühlen als eines der Warnsignale für emotionale Erpressung und einen Missbrauch in der Beziehung. In der Tat macht kaum etwas anderes Menschen so gefügig, wie Schuldgefühle. Was ist da naheliegender, als jeden der politisch unbequem ist, in die rechte Ecke zu stellen. Denn rechts, das wissen wir alle, war böse.

Wenn also Politiker oder Medien andere Politiker oder Parteien als rechtspopulistisch betiteln, sie in die rechte Ecke stellen, ihnen vorwerfen rechtes

Gedankengut zu verfolgen, dann reagiert der durchschnittliche, nicht selbst denkende Bürger mit Ablehnung.

Je mehr er der Doktrin der etablierten Parteien und Medien unterworfen ist, umso mehr wird er alles ablehnen, was mit deren Ansicht nicht konform ist. Ob das Neue nun wirklich nationalsozialistische Züge aufweist oder nicht, ist dabei völlig egal. Man muss nur immer wieder betonen, das dem so ist, und die Masse wird es glauben.

Es ist unglaublich, dass kaum 90 Jahre nach der NS-Zeit Propaganda derart gut funktioniert. Die etablierten Parteien und die ihnen hörigen öffentlich-rechtlichen Medien und "Linientreue" Presse haben es geschafft, innerhalb weniger Generationen nach Kriegsende erneut die Meinung des ganzen Landes zu steuern. Das Schlimme daran ist, dass diejenigen, die am Lautesten "Nazi" rufen, wenn es um andersdenkende geht, sich einigen der Mittel bedienen, die eben jene damals anwendeten. Die Diffamierung und Ausgrenzung andersdenkender.

Eigentlich müssten wir gerade heutzutage, im Zeitalter von Fotoshop und nahezu ungeahnten Möglichkeiten der Bild- und Videomanipulation, kritischer sein, denn je. Aber gerade heutzutage sind die Menschen leichtgläubiger als zuvor.

Ein Paradebeispiel für Manipulation ist zum Beispiel die Berichterstattung über den Trauermarsch für die Opfer des Terrorangriffs auf das französische Magazin Charlie Hebdo am 11. Januar 2015. Das Bild von Merkel, Abbas, Hollande, Zarkozi und anderen Politikern, die laut der Berichterstattung einen Gemeinschaftsmarsch von über einer Million Menschen anführten, ging um die Welt.

Auf dem Bild, dass von vorne aufgenommen wurde, sah es denn auch so aus, als würden eben jene Regierungschefs gemeinsam, mit verschränkten Armen diesen Marsch anführen, und das kurz nach dem Anschlag. Das vermittelte ein Bild des Mutes und der Integrität dieser Politiker. Aber ... kurz darauf wurde dann das gleiche Bild nochmals publik. Nur diesmal aus einer anderen Perspektive, nämlich diagonal von oben.

Dieses Bild des "Marsches" zeigt ganz deutlich, dass sich die Regierungschefs nicht etwa, wie suggeriert, in der ersten Reihe des Marsches befanden, sondern dass sie mit einer kleinen Handvoll Menschen (zumeist Sicherheitsbeamte) in einer abgesperrten Seitenstraße herumstanden.

Ein weiteres Beispiel für die Manipulation durch Medien ist bei den öffentlich-rechtlichen zu finden. So zeigte die ARD in der Tagesschau 2012 ein Video, dass den Einschlag einer Granate in Homs, Syrien zeigte. Das gleiche Video, nur etwas herangezoomt, also mit weniger Vordergrund-Darstellung, wurde am gleichen Abend vom ZDF verwendet, um über den Krieg in Afghanistan zu berichten.

Das ZDF ließ einige Zeit später eine Entschuldigung folgen, in der angegeben wurde, dass es sich um einen bedauerlichen Fehler handelte, der zwar unglücklich, jedoch nicht auszuschließen sei.

Einer der bekanntesten Fälle von Medienpropaganda ist wahrscheinlich der Irakkrieg. Hier begonnen George W. Bush und Tony Blair einen Angriffskrieg gegen den Irak, der sich auf falsche Tatsachen stützte. Nachdem Collin Powell, der damalige US-Außenminister in New York angebliche Beweisfotos vorlegte, gingen diese um die ganze Welt. Auch bei uns gingen die Bilder durch alle Medien. Man sprach von Chemiebomben, Raketenbunkern und anderem.

Es wurde davon gesprochen, dass vom Irak eine außergewöhnliche Bedrohung ausgehe. Die Propaganda funktionierte, der Krieg fand breite Unterstützung in der westlichen Welt. Doch die angeblichen Massenvernichtungswaffen wurden nie gefunden. Weil sie nie existierten. Über eine Million irakische Todesopfer später entschuldigte sich Powell dann und sagte, die Rede vor der UN sei ein Schandfleck in seiner Karriere.

Die Medien haben uns derart im Griff, dass die meisten es gar nicht bemerken, wie sie beeinflusst werden. Sie haben quasi eine Mauer im Kopf, die außer der politisch korrekten Meinung der von Berlin subventionierten Medien nichts durchlässt. Und mit dieser Kontrolle schaffen es die Altparteien, den Bürgern vorzugaukeln, dass sie bürgernahe Politik machen.

Und diese Medien sind in der Hand einiger weniger Familien, die die Meinung im Land steuern. Doch wer sind sie, welche Macht haben sie, und wie sind sie mit den Politikern verbunden?

Zunächst hätten wir da die Familie Mohn. Hier ist Liz Mohn die Matriarchin. Wem der Name Mohn nichts sagt, es handelt sich um die Bertelsmanngruppe.

Der Bertelsmanngruppe gehören unter anderem zu 75 Prozent die RTL-Gruppe (56

Fernsehsender und 31 Radiostationen) und zu 100 Prozent die Gruner & Jahr Verlagsgruppe (Spiegel, Manager Magazin, Auto-Motor-Sport, Brigitte, Stern und andere).

Die Bertelsmann Stiftung war, wie wir ja in einem anderen Kapitel erörterten, die treibende Kraft hinter Hartz-4.

Die Zweite ist Familie Springer. Den Namen kennt in Deutschland wohl jeder, und es hat wohl jeder schon mindestens einmal ein Springer-Produkt in der Hand gehabt, oder gesehen.

Zur Springer-Gruppe gehören unter anderem die Bildzeitung und ihre vielen Ableger, verschiedene Fernsehzeitungen, das Hamburger Wochenblatt, Die Welt, und die Sender N 24, Antenne Bayern, Radio FFH, Radio ffn, sowie Kooperation mit Teilen der Pro 7 - Sat 1 - Gruppe, die übrigens auch mit Gruner & Jahr (also mit der Bertelsmanngruppe) kooperieren.

Dann gibt es noch die Funke Mediengruppe. Diese verlegt Zeitungen sowie Magazine. So zum Beispiel die Westdeutsche Allgemeine, das Hamburger Abendblatt, die Berliner Morgenpost, die Thüringer Allgemeine, die Thüringische Landeszeitung, Hörzu, und andere.

Die Zeitungen der Funke-Gruppe haben keine eigene überregionale Berichterstattung mehr. Die überregionalen Nachrichten kommen aus einer Zentrale.

Dann wäre da die Burdagruppe. Hierzu zählen Focus, Bunte, Chip, Freizeit Revue, und die Beteiligung an der deutschen Ausgabe der Huffington Post. Was "seriöse Medien" angeht, wenn man diesen Begriff überhaupt in Verbindung mit Medien verwenden sollte, die kleinste.

Diese Familien haben im Grunde, gemeinsam mit den aus Berlin finanzierten, öffentlich-rechtlichen Sendern die öffentliche Meinung in ihrer Hand.

Um auf das Beispiel des Angriffs auf den Irak zurückzukehren ... der ehemalige UN-Generalsekretär Kofi Annan sagte in einem Interview mit der britischen BBC, dass der Angriff auf den Irak illegal gewesen sei, und nicht mit der UN-Charta vereinbar sei. Das wiederum würde bedeuten, dass Präsident Bush und Premierminister Blair einen Angriffskrieg führten, ohne dazu ein Mandat zu haben. Somit wären sie Kriegsverbrecher. Das es hierzulande nie zu einer Verbreitung dieser Meinung kam war zum größten Teil aufgrund der Tatsache, dass hierüber kaum berichtet wurde.

Die Medien dieses Landes haben im Vorfeld des Irakkrieges regelmäßig darüber berichtet, dass es im Irak Massenvernichtungswaffen gäbe, diese eine Bedrohung für Millionen von Menschen seien, und ein Angriff auf den Irak daher unausweichlich sei.

Nach dem Angriff, als Kofi Annan dann sagte der Krieg sei illegal, also völkerrechtswidrig gewesen (er hatte bereits im März 2003, noch vor Beginn des Krieges eine ähnliche Äußerung getätigt, als die USA und Großbritannien einen Resolutionsentwurf zurückzogen, weil dieser im Sicherheitsrat keine Mehrheit gefunden hätte), so wurde dies mit einigen kurzen Berichten in wenigen Medien abgetan.

Es wurde nie im gleichen Ausmaß darüber berichtet, wie zuvor über die angeblichen Massenvernichtungswaffen. Wäre dies mit der gleichen Intensität geschehen, dann wäre der Ruf nach einer Anklage wegen Kriegsverbrechen gegen die Herren Bush und Blair laut geworden. Doch das galt es natürlich zu vermeiden.

Die Medien manipulieren die Meinung der breiten Masse der Bevölkerung, und all jene, die nicht selbstständig nach alternativen Informationsquellen suchen und diese nutzen, passen ihre Meinung an das an, was sie lesen und sehen.

Ein Propagandaminister des vergangenen Jahrhunderts sagte einmal "Es spielt keine Rolle, ob etwas wahr ist oder nicht, es muss nur oft genug gesagt werden".

Nun gab es tatsächlich im Weltspiegel der ARD einen Beitrag, in dem es um den "Medienkrieg" des russischen Fernsehens gegen den Westen ging.

Dort wurde angeprangert, dass im russischen Fernsehen Propaganda gezeigt werde, die die Menschen zum Beispiel dahin gehend beeinflussen soll, dass unsere Kinder im Westen auf Homosexualität gedrillt werden, und dass die EU-freundlichen Politiker und Truppen in der Ukraine Gräueltaten begehen.

Der Beitrag wurde eingeleitet durch die Worte "Wir wollen hier nicht überheblich wirken und mit dem moralischen Zeigefinger auf andere deuten. Aber das, was russische Medien, auf Befehl von ganz oben versteht, sich, an Lügen und Unwahrheiten verbreiten, sorry, dass müssen wir schon mal vorführen."

Alleine diese Einleitung hätte bei mir beinahe einen Lachflash ausgelöst. Wenn man bedenkt, wie unverhohlen unsere Sender und Printmedien, vor allem die öffentlich-rechtlichen Sender, die Wahrheit über das, was in Deutschland und der Welt vor sich geht, verdrehen und zurechtrücken, damit es politisch korrekt ist, dann sollten eben jene Sender besser niemanden vorführen, sondern sich an die eigene Nase fassen.

So wird in dem Bericht zum Beispiel auch ein Alexander Orlow präsentiert, der zuvor stellvertretender Chefredakteur beim russischen Fernsehsender Rossija 24 war und aufgrund von Facebook Postings entlassen wurde, in denen er den oppositionellen Alexei Nawalny unterstützte. Orlow sagte dann im Interview aus, dass die Redaktionen direkt Anweisungen vom Kreml erhielten, was gesendet werden dürfe, und was nicht.

So...nun holen wir einmal tief Luft, um den Lachflash hinter uns zu lassen, und vergleichen das einmal mit den Vorkommnissen bei uns.

So wurde zum Beispiel 2009 der Vertrag des Chefredakteurs des ZDF, Nikolaus Brender, nicht verlängert, obwohl er laut Meinung des Intendanten Markus Schächter der beste Kandidat für den Posten gewesen sei. Warum wurde sein Vertrag nicht verlängert?

Offiziell wurden die schlechten Quoten der Nachrichtensendungen für die Entscheidung gegen eine Verlängerung verantwortlich gemacht. Der wirkliche Grund ist ganz einfach. Seine politische Einstellung gefiel dem Verwaltungsrat nicht. Brender war unabhängig.

Nach seiner Abwahl gab es einen Protestbrief der Redaktionsleiter sowie anderer bekannter Mitarbeiter des ZDF. In dem Brief wurde vor einem "schwerwiegenden Eingriff in die Rundfunkfreiheit" gewarnt. Die Unterzeichner sprachen von einer "gefährlichen Einmischung der politischen Parteien in die Souveränität".

Ausgegangen war die Initiative für Brenders Abwahl vom damaligen hessischen Ministerpräsidenten Roland Koch sowie von anderen, hauptsächlich die CDU repräsentierenden Mitgliedern im Verwaltungsrat.

Statt Nikolaus Brender wurde Peter Frey neuer Chefredakteur des ZDF. Im Gegensatz zu Brender ist er nicht unbedingt das, was man unparteiisch und unabhängig nennen würde.

Er ist "Fellow", also zur Körperschaft gehörendes Mitglied im Zentrum für angewandte Politikforschung, dass zum Beispiel Entwürfe für EU-Reformen, sicherheitspolitische Analysen und Erziehungsmodelle zur Toleranz erarbeitet. Hauptarbeitsgebiet ist die europäische Einigung, welche durch die Bertelsmann Forschungsgruppe Politik von der Bertelsmann Stiftung finanziert wird.

Ferner war Frey Mitglied im Beirat der "Bundesakademie für Sicherheitspolitik". Diese soll das Verständnis für die sicherheitspolitischen Interessen der BRD schaffen. Das geschieht durch die Zusammenarbeit von sieben Bundesministerien sowie dem Kanzleramt.

Wie der Stern anlässlich Freys neuer Position berichtete, war er seit 2001 Leiter des ZDF-Hauptstadtstudios, und wurde bis zuletzt häufig auf Auslandsreisen der Kanzlerin sowie einiger Minister angetroffen.

Hier wurde der Vertrag eines unbequemen, weil unabhängigen Journalisten nicht verlängert, und er wurde zum Vorteil eines Berlinbekannten Journalisten mit zumindest fragwürdiger Unabhängigkeit quasi entlassen.

Genauso wie Alexander Orlow, den uns die ARD als Märtyrer präsentierte, wurde auch bei uns ein durchaus qualifizierter Journalist nicht weiterbeschäftigt, weil seine politische Einstellung unbequem war. Und Brender ist auch kein Einzelfall.

Wenn man sich nun anschaut, wen der im besagten Bericht vorgeführte Orlow mit seinen Facebook Posts unterstützt hat, dann wird die seitens der ARD inszenierte Märtyrer-Rolle Orlows noch fragwürdiger. In seinen Posts sprach er sich ja für den russischen Oppositionsführer Alexei Nawalny aus.

Nun kann man von Nawalny halten, was man will. Jedoch bezeichnete er sich selbst als Nationalist. Er verwendete in der Vergangenheit ein ums andere Mal nationalistische Slogans. Der britische "Economist" schrieb in 2011 ebenfalls, dass Nawalny sich selbst als Nationalist bezeichne.

Mehrfach schlug Nawalny die "Deportation zersetzender Elemente" vor. Er sah Immigration als eines der größten Probleme Russlands an und forderte Visapflichten für ausländische Arbeitnehmer aus Zentralasien.

Die TAZ schrieb in 2011, dass Nawalny nicht davor zurückschrecke, nationalistische Stimmungen in Russland für seine Zwecke zu instrumentalisieren. Das Neue Deutschland nannte ihn einen radikalen russischen Nationalisten.

Und selbst auf heute.de wusste man zu berichten, dass sich bei den von ihm verlangten Subventionskürzungen für den Nordkaukasus nicht nur Nationalisten, sondern auch Neonazis freuen dürfen.

Nawalny sagte zum Nordkaukasus "Die gesamte nordkaukasische Gesellschaft und ihre Eliten teilen den Wunsch wie Vieh zu leben. Wir können mit diesen Völkern nicht normal koexistieren". Georgien betreffend meinte er, man solle alle Georgier aus Russland ausweisen und das Hauptquartier dieser Kakerlaken mit Marschflugkörpern verwüsten.

Wenn nun also der Chefredakteur eines russischen Fernsehsenders diesen Mann in Facebook Posts unterstützt, so ist das im Grunde das gleiche, als würde der Chefredakteur eines deutschen Senders Facebook Posts veröffentlichen, in denen er PEGIDA toll findet und die Arbeit der AFD im Bundestag lobpreist. Zumindest, wenn man die anti - PEGIDA und AFD Propaganda bei uns zum Vergleich nimmt.

Wie lange wäre wohl ein solcher Chefredakteur noch an seinem Schreibtisch? Ich denke, wir sprechen hier von Stunden, nicht Tagen, denn der Hexenprozess würde sofort nach bekannt werden der Posts beginnen, und die Beurlaubung wäre schneller auf seinem Schreibtisch (gefolgt von der Kündigung), als er Meinungsfreiheitbekämpfungsgesetz sagen könnte.

Die Meinungs- und Pressefreiheit ist in unserem Lande auf dem Papier existent. Doch wie real ist sie?

Volker Bräutigam (ehemaliger Redakteur der Tagesschau) sagte, dass Satiriker wie die Anstalt die Wahrheit berichten, während Nachrichtensendungen wie die Tagesschau Fakenews verbreiten.

Die Zuschauer müssten darauf hingewiesen werden, dass sie in Talkshowrunden und Nachrichtensendungen für dumm verkauft werden. Wenn man eine Karriere im öffentlich-rechtlichen Rundfunk ins Auge fasst, dann sei man gut beraten, sich einer der Altparteien anzuschließen.

Dr Wolfgang Herles (ehemaliger Leiter des ZDF-Studios Bonn & von ASPEKTE) äußerte sich dahin gehend, dass es in Deutschland ein Problem gibt - die regierungsnahen Medien. Nicht nur dadurch, dass überwiegend so berichtet werde, wie es der Regierungskoalition entspräche, sondern auch dadurch, dass die Bürger vollkommen der Agenda auf den Leim gehen, die die Politik vorgibt.

Die Themen, über die in den Medien berichtet wird, seien von der Regierung vorgegeben. Er betonte ganz deutlich, es gäbe auch im ZDF Anweisungen von oben. Der Chefredakteur würde im Grunde sagen: "Freunde wir müssen so berichten, dass es dem Gemeinwohl dient." Er brauche gar nicht dazu zu sagen: "Wie es Frau Merkel gefällt." Solche Anweisungen habe es auch schon zu seiner Zeit gegeben. Man dürfe absolut nichts Negatives über Flüchtlinge sagen. Das sei Regierungsjournalismus pur.

Christoph Hörstel (ehemaliger Afghanistan, Orient- & Terrorexperte der ARD, mit mehr als 2500 Sendungen) meinte, wenn man mal was Wahrheitsgemäßes berichten wollte, dann sei der Chefredakteur gekommen und habe gesagt: "Du spinnst wohl."

Harald Schumann (ehemaliger SPIEGEL Journalist und Ressortleiter Politik), sprach sich auch gegen die Printmedien aus. Ein wichtiger Punkt der Pressefreiheit sei die interne Pressefreiheit innerhalb der Redaktionen. Die sei nämlich keineswegs gegeben. Er berichtet, er habe das selbst viele Jahre lang beim Spiegel erlebt.

Es sei nicht so, dass wenn ein Journalist, oder Redakteur etwas recherchiert habe, dass es dann auch so gedruckt werde. Es käme immer wieder vor, dass Journalisten hervorragend arbeiten, hervorragend recherchieren und schreiben, dann aber nicht das schreiben dürfen, was die Wahrheit sei. Es werde verbogen, gekürzt und ummodelliert, bis es der politisch-korrekten Meinung entspräche.

Es gäbe natürlich politische Interessen von Verlegern und Chefredakteuren, die im Grunde von oben nach unten weitergereicht werden. Er meinte, man müsse offen sagen, dass solche Dinge in der deutschen Presse gang und gäbe seien. Das Chefredakteure ihren Ressortleitern und Journalisten sagen, wie sie zu schreiben haben.

Wie sagte Goethe ... "Niemand ist so hoffnungslos versklavt, wie diejenigen, die fälschlicherweise glauben frei zu sein."

Man erinnere sich an die Zeit der DDR zurück. Diejenigen von uns, die wie ich das Glück hatten im Westen aufzuwachsen, kennen die Darstellungen aus Erzählungen, Berichten im Fernsehen und Gesprächen mit Freunden und Verwandten.

Man sagte etwas gegen den Staat, gegen seine Vorgehensweisen, seine Gesetze, seine Regierung oder das generelle Leben im Lande. Die Chance war sehr groß, dass das Gesagte weitergetragen wurde. Von Bekannten, Nachbarn einem Arbeitskollegen oder vermeintlichen Freunden. Weitergetragen wurde es zum Ministerium für Staatssicherheit, der Stasi. Einmal dort bekannt, waren verschiedene Dinge möglich ... weiteres Material wurde gesammelt, man wurde verhört, man erhielt eine Strafe, man musste ins Gefängnis.

Das gleiche Prinzip wurde auch in anderen Ostblockstaaten angewandt. Ebenso in den Ländern, die vielfach als Diktaturen, oder durch die USA als Schurkenstaaten bezeichnet werden. So wie China, Kuba, Nordkorea usw.

Die Beschneidung der Meinungsfreiheit ist gängige Praxis, in allen Regimen, die nicht im Sinne ihres Volkes regieren. Denn in einem solchen Regime soll das Volk vor allem eins sein ... zufrieden, ruhig und alles bejahend, was seitens der Regierung beschlossen wird. Eine wirkliche Opposition stört diesen Ablauf, ein Volk, das seine Meinung sagt, auch. Denn ein kleiner Funke, der über ein paar Worte, ein paar Zeilen, einen kurzen Film gestartet wird, kann sich in Windeseile in einen Flächenbrand verwandeln.

Im Film "V for Vendetta" heißt es "Ein Volk sollte keine Angst vor der Regierung haben. Die Regierung sollte Angst vor dem Volk haben". Diesen Satz kann ich so unterschreiben. ABER...

... nicht im Sinne einer gewaltsamen Revolution, sondern einfach in dem Sinne, dass das Volk in einer Demokratie der Souverän ist, oder zumindest sein sollte. Und alleine dadurch ergibt sich die Angst, oder besser der Respekt, den die Regierung vor dem Volk haben sollte.

Das Volk hat die Regierung gewählt, und es kann sie auch abwählen. Außer natürlich, es hat keine Möglichkeit einer gleichgeschalteten, politisch korrekten "Wahrheit" zu entrinnen, und kann sich lediglich auf regierungsgesteuerte Medien verlassen, sich lediglich durch zensierte Medien informieren, und hat lediglich die Wahl zwischen einigen, gleichgeschalteten Parteien.

Der angesprochene Film spielt in einer "Zukunft", in der Angst und Schuld die Waffen der Regierung sind, um die Bevölkerung in Schach zu halten. Die staatliche Kontrolle wird durch die Medien verschärft, die nur das berichten, was die Regierung zulässt.

Interessant als Nebenbemerkung ist, dass in dem Wort Regierung ja auch das Wort "Gier" steckt. Die Gier nach Macht, nach Kontrolle, nach den Posten, die man innehat und natürlich nicht wieder los werden will.

Zu Anfang des Kapitels hatte ich die ehemaligen Ostblockstaaten, sowie heutige Diktaturen genannt. Was haben diese, beziehungsweise ihre Vorgehensweisen in Bezug auf freie Meinungsäußerung, beziehungsweise das Ausbleiben derselben, nun mit unserem Land zu tun.

Die freie Meinung ist in unserem Lande im Grundgesetz verankert. Doch haben wir tatsächlich noch eine wirkliche Meinungsfreiheit? Existiert sie noch so, wie sie eigentlich sein sollte?

Wenn ich heutzutage auf Facebook, Twitter, oder einem anderen sozialen Netzwerk einen Post veröffentliche, der nicht politisch korrekt ist, so wird es nicht lange dauern, bis jemand diesen Post meldet. Dank des Netzwerkdurchsetzungsgesetzes wird der Post auch gelöscht werden.

Das Problem dabei ist ... war der Post wirklich rechtswidrig? War der Post wirklich strafbar?

Die allermeisten gelöschten Posts sind es nicht. Das zumindest kann man mit an Sicherheit grenzender Wahrscheinlichkeit sagen. Warum? Ganz einfach ...

Das NetzDG soll den unbescholtenen (früher sagte man linientreuen) Bürger vor den bösen Andersdenkenden schützen. Also vor denen die es wagen, eine eigene Meinung abseits der politisch korrekten Version zu haben. Es soll offiziell ein Instrument sein gegen Fakenews und Hate-Speech, also Falschnachrichten und Hassreden.

In der Begründung der Regierung zum Gesetzesentwurf hieß es ... "Die Debattenkultur im Netz ist oft aggressiv, verletzend und nicht selten hasserfüllt.

Durch Hasskriminalität und andere strafbare Inhalte kann jede und jeder aufgrund der Meinung, Hautfarbe oder Herkunft, der Religion, des Geschlechts oder der Sexualität diffamiert werden."

Alleine dieser Abschnitt ist irreführend. Hier wurde eine aggressive Debattenkultur mit strafbaren Handlungen gleichgesetzt, der Eindruck erweckt, dass aggressive Meinungsäußerungen oder Hassreden auch strafbar sind. Das ist jedoch nicht der Fall. Eine simple Hassrede "Ich hasse Politiker", "Ich hasse Dieselfahrer", "Ich hasse

Katholiken" oder dergleichen ist nicht strafbar. Die Grenze zur Strafbarkeit wird erst dann überschritten, wenn es in den Bereich der Volksverhetzung oder einer Bedrohung über geht.

Weiterhin hieß es in der Entwurfsbegründung ... "Nach den Erfahrungen im US-Wahlkampf hat auch in der Bundesrepublik Deutschland die Bekämpfung von strafbaren Falschnachrichten („Fakenews") in sozialen Netzwerken hohe Priorität gewonnen. Es bedarf daher einer Verbesserung der Rechtsdurchsetzung in sozialen Netzwerken, um objektiv strafbare Inhalte wie etwa Volksverhetzung, Beleidigung, Verleumdung oder Störung des öffentlichen Friedens durch Vortäuschen von Straftaten unverzüglich zu entfernen".

Nun könnte man also annehmen, dass eben solche Fakenews strafbare Handlungen sind. Dem ist jedoch nicht so.

Zum einen ist die Bezeichnung "Falschnachricht" oder "Fakenews" kein Rechtsbegriff, zum anderen wird der Begriff auch im Entwurf nicht definiert. Strafbar ist jedoch keine der beiden Dinge.

Aufgrund der Debatte um das NetzDG hat das IT-Nachrichtenportal Golem der Bundesregierung eine Anfrage übersandt, ob ein einziger Fall einer strafbaren Fakenews bekannt wäre. Dies wurde verneint.

Der dritte Punkt der Begründung zum Gesetzesentwurf, den ich hier aufgreifen möchte, ist folgender ... "Noch immer werden zu wenige strafbare Inhalte gelöscht. Ein von jugendschutz.net durchgeführtes Monitoring der Löschpraxis sozialer Netzwerke vom Januar/Februar 2017 hat ergeben, dass die Beschwerden normaler Nutzer gegen Hasskriminalität und andere strafbare Inhalte nach wie vor nicht unverzüglich und ausreichend bearbeitet werden. Zwar werden bei Youtube mittlerweile in 90 Prozent der Fälle strafbare Inhalte gelöscht, Facebook hingegen löschte nur in 39 Prozent der Fälle, Twitter nur in 1 Prozent der Fälle."

Aus diesem Abschnitt ergeben sich auch einige Fragen. Woraus ergibt sich die Kompetenz von jugendschutz.net in Sachen strafrechtlicher Bewertungen?

Hierzu müsste ein umfangreiches Team von Juristen die Sichtungen vornehmen. Auf die Anfrage, ob ein solches bei jugendschutz.net gegeben ist, wurde nicht geantwortet.

Ebenso wenig wurde auf die Frage geantwortet, wie denn mit den im Zitat angesprochenen Fällen umgegangen wurde. Wurden diese lediglich gelöscht, oder wurden diese zur weiteren Ermittlung an die dafür tatsächlich zuständigen Behörden weitergeleitet. Wenn nicht, ergibt sich die Frage nach dem warum, wenn sie doch angeblich strafbar waren.

Man muss sich auch fragen, worin die angebliche strafrechtliche Kompetenz von jugendschutz.net eigentlich begründet ist. Die Organisation ist in ihrer Bestimmung dafür vorgesehen, Inhalte nach dem JMStv zu prüfen, und sicherzugehen, dass der Jugendschutz gewährleistet ist. Von einer strafrechtlichen Kompetenz kann keine Rede sein.

Auf der Webseite von jugendschutz.net kann man den dort veröffentlichten Berichten entnehmen, dass ein nicht unerhebliches Augenmerk auch auf Fakenews gerichtet ist. Diese sind jedoch, wie bereits erwähnt nicht strafbar, außer sie sind mit dem Aufruf zu Gewalt, Volksverhetzung oder Ähnlichem verbunden.

Dort werden auch Beispiele genannt. So wird von rechtsextremen Kreisen gesprochen, die mit Fakenews über angebliche von Migranten oder Muslimen begangene Straftaten berichten.

Im gleichen Atemzug verbindet man diese dann mit einer Instrumentalisierung und einem Schüren von Ängsten vor Überfremdung, Ausländerkriminalität und Terror. Die Begriffe werden zur besseren Einprägung in Anführungszeichen gesetzt.

Was hier allerdings sauer aufstößt, ist die Tatsache, dass ein nicht unerheblicher Teil der Bevölkerung eben jene Dinge fürchtet. Sowohl die Überfremdung, beziehungsweise ein "weiter so" der unbegrenzten Migration, als auch Ausländerkriminalität, im Hinblick auf die Vielzahl von "Einzelfällen" in unserem Lande, als auch letztendlich die Angst vor Terror.

Man muss kein Psychologe sein, um zu verstehen, warum nach den Geschehnissen in Berlin, Paris, London etc die Bürger immer mehr Angst vor Terroranschlägen haben, um zu verstehen, warum die Menschen Angst haben, wenn selbst Weihnachtsmärkte einer Sicherheitszone gleichen.

Das Problem hierbei ist, dass diese Dinge in den Leitmedien zumeist noch immer relativiert werden. Die Darstellung des Lebens in den Medien unterscheidet sich nur allzu oft von der ge- und erlebten Wirklichkeit der Bevölkerung. Von einer Instrumentalisierung kann man hier also kaum sprechen. Abgesehen davon ist selbst das Bundesverfassungsgericht der Meinung, dass selbst rechte Aussagen nicht gegen die Meinungsfreiheit verstoßen, bloß weil sie rechts sind.

Doch zurück zum NetzDG und den Gründen. Es sind also weder strafbare Fakenews bekannt, noch sind hitzige Diskussionen, oder Posts ohne direkte Aufrufe zur Gewalt, Volksverhetzung oder Bedrohungen strafbar. Warum also dieses Gesetz?

Wenn man sich die Einzelheiten dieses Gesetzes anschaut, dann wird sehr schnell klar, warum dieses Gesetz so wichtig ist, und warum es so dringend benötigt wird ... zumindest seitens der Regierung.

Es geht um Kontrolle. Um die Einschränkung der freien Meinungsäußerung der Bürger, um die Meinungsfreiheit.

Bis zum Inkrafttreten des NetzDG gab es keinerlei rechtliche Verpflichtung für soziale Netzwerke, Inhalte zu löschen. Auch wenn es in der Begründung des Gesetzesentwurfes hieß ... "Die in § 3 normierte Regelung dient lediglich dazu, dass den gesetzlichen Verpflichtungen, rechtswidrige Inhalte zu löschen, oder zu sperren, schnell und umfassend nachgekommen wird.

Hier liegt kein neuer Eingriff in Artikel 5 Absatz 1 des Grundgesetzes, im Vergleich zum geltenden Recht vor. Das Gebot, rechtswidrige Inhalte zu löschen ergibt sich bereits aus der bestehenden Gesetzgebung."

Jedoch ergab sich aus dem Telemediengesetz keinerlei Verpflichtung zur Löschung. Dem Betreiber einer Webseite war es freigestellt, die betreffenden Inhalte zu löschen, oder sie wie eigenes Material zu behandeln.

Im NetzDG aber ist die Löschung vorgeschrieben. Und wird dieser Vorschrift nicht nachgekommen, so kann der Betreiber mit einem Bußgeld von bis zu 50 Millionen Euro belegt werden.

Genau daraus aber ergibt sich das Problem des NetzDG, zugleich aber auch genau der Sinn und Nutzen ... für die Regierung.

Ein Betreiber, der wirtschaftlich denkt, und das werden wohl alle sein, sonst gäbe es die Plattform gar nicht, hat im Grunde keine andere Wahl. Der Sinn der Gesetzes ist die Löschung diverser Meinungen durch die Betreiber der Netzwerke.

Somit kann jeder Beitrag der nicht in das politisch korrekte Schema passt von einem beliebigen Benutzer gemeldet werden. Nach erfolgter Meldung soll der Betreiber dann den Post untersuchen, und gegebenenfalls löschen. Das Problem besteht hierbei darin, dass mit dem NetzDG eine Löschkultur geschaffen wurde.

Jeder Betreiber wird "vorsichtshalber" einen gemeldeten Post löschen, um die Wahrscheinlichkeit eines Bußgeldes von bis zu 50 Millionen Euro zu umgehen.

Hierbei muss man ganz klar sagen, dass durch diese Löschkultur, die bereits jetzt, wenige Monate nach vollem Inkrafttreten des Gesetzes, bereits willkürlich Posts gelöscht wurden und werden, die in keinster Weise strafrechtlich relevant wären.

Die Löschung geht meist einher mit einer mehr oder weniger kurzen Sperre des betroffenen Benutzers, sowie einer Standardmitteilung, dass der betreffende Beitrag gelöscht wurde.

Hier wurde Willkür Tür und Tor geöffnet. Nicht unbedingt böswilliger Willkür, sondern derartiger, dass sie alleine darauf begründet ist, Bußgelder zu vermeiden. Der betroffene User kann sich gegen die Behandlung zwar wehren, dies jedoch nur auf gerichtlichem Wege. Durch das Gesetz wird die Meinungsfreiheit, sowie die Informationsfreiheit beschnitten. Diese ist ebenso wie die Meinungs- und Pressefreiheit im Grundgesetz verankert.

Wenn das Posten von Informationen, die zwar nicht politisch korrekt, jedoch nicht strafrechtlich relevant sind, dazu führt, dass der Post aus Angst vor Bußgeldern gelöscht wird, so unterbindet dies beide Grundfreiheiten. Aufgrund dieser "Löschungen der Vorsicht halber" werden anderen Benutzern Informationen vorenthalten. Diese Informationen sind ein grundsätzlicher Teil der freien Meinungsbildung.

Inwieweit diese zutreffen, oder inwieweit sie den allgemeinen zurzeit gültigen Auffassungen entsprechen oder nicht, ist hierbei vollständig irrelevant.

Die einzig relevanten Kriterien wären die Vermeidung von strafbaren Inhalten, wie Volksverhetzung, Aufrufe zu Gewalt oder Ähnliches.

Laut dem Bundesverfassungsgericht ist eine Aufhebung eines der Freiheitsprinzipien des Grundgesetzes. In einem Urteil aus 2009 kam das Verfassungsgericht zu dem Schluss, dass die Zielsetzung von Eingriffen in Artikel 5 des

Grundgesetzes nicht darauf gerichtet sein darf, Schutzmaßnahmen gegen rein geistig bleibende Wirkungen von bestimmten Meinungsäußerungen zu treffen.

Die "Absicht, Äußerungen mit schädlichem oder in ihrer gedanklichen Konsequenz gefährlichem Inhalt zu behindern, hebt das Prinzip der Meinungsfreiheit selbst auf und ist illegitim". Gleiches gilt laut diesem Urteil auch für das Verhindern der Verbreitung verfassungsfeindlicher Ansichten. Denn, so das Gericht weiter, die Wertlosigkeit oder auch Gefährlichkeit einer Meinung als solches, ist kein Grund diese zu beschränken.

In einer Abwägung zwischen Meinungsfreiheit und anderen Rechtsgütern müsse man sich für die Freiheit der Rede aussprechen. Das gilt nach der Rechtsprechung des Bundesverfassungsgerichts jedenfalls bei Angelegenheiten, die die Öffentlichkeit wesentlich berühren.

Das NetzDG widerspricht aber diesen Grundsätzen. Im Gesetz werden keine legitimen Gründe oder Zwecke genannt, warum eine andere Stelle als die dafür zuständigen Justizbehörden mit wirklich strafrechtlich relevanten Posts umgehen solle.

Und für eben jene wirklich strafrechtlich relevanten Fälle bedarf es keines neuen Gesetzes, sondern lediglich der Einhaltung und Ausführung unserer bereits vorher bestehenden Gesetze.

Die Fristen, die den Betreibern der Webseiten im NetzDG gegeben werden sind sehr knapp bemessen. Die Betreiber müssen innerhalb von 24 Stunden beziehungsweise sieben Tagen entscheiden, ob ein Post strafbar ist oder nicht.

Die Betreiber müssten eine große Anzahl an Volljuristen beschäftigen, um den mit den Meldungen anderer Benutzer in fristgerechtem Rahmen genüge zu tun. Geschieht dies nicht, so läuft der Betreiber Gefahr, ein Bußgeld von bis zu 50 Millionen Euro zahlen zu müssen. Pro Einzelfall.

Somit ist die Kultur des "Löschens auf Verdacht" eine logische Folgerung. Die Betreiber löschen lieber mehr als sie müssten, um die Bußgelder zu vermeiden. Und somit wird mal um mal die freie Meinungsäußerung unterbunden und die freie Informationsfindung verhindert. So wie man es aus anderen Staaten kennt, wie zum Beispiel den eingangs genannten ehemaligen Ostblock-Staaten.

Anzumerken sei auch, dass bei einer Konferenz des Rechtsausschusses des Justizministeriums im vergangenen Jahr 2017 sieben von zehn (durch die im Bundestag vertretenen Parteien bestimmte) Experten das Gesetz eindeutig ablehnten. Der wissenschaftliche Dienst des Bundestages hatte zu diesem Zeitpunkt bereits Bedenken gegen das Gesetz geäußert.

Der Sonderbeauftragte für den Schutz der Meinungsfreiheit der Vereinten Nationen David Kayne hatte bereits im Juni 2017 das Gesetz scharf kritisiert und gesagt, es sei nicht mit internationalen Menschenrechtserklärungen wie zum Beispiel dem "Internationalen Pakt über bürgerliche und politische Rechte" vereinbar.

Im November 2017 wurde bekannt, dass die Europäische Kommission Dokumente bezüglich des NetzDG unter Verschluss hat, welche die Überprüfung der Legalität des Gesetzes im Hinblick auf die Europäische Menschenrechtskonvention darstellten.

Das Magazin Wirtschaftswoche erhielt auf eine Anfrage nach der Offenlegung der Unterlagen eine Absage mit der Begründung, die Veröffentlichung der Dokumente würde das Klima des gegenseitigen Vertrauens zwischen dem Mitgliedsstaat und der Kommission beeinträchtigen.

Da die Europäische Kommission laut einer Verordnung aus dem Jahre 2001 dazu verpflichtet ist, solche Dokumente offenzulegen, kann man davon ausgehen, dass das Gesetz gegen die europäischen Richtlinien verstößt, man die Bundesregierung aber nicht vor den Kopf stoßen will.

Reporter ohne Grenzen äußerten sich dahin gehend, dass das NetzDG das Grundrecht auf Presse- und Meinungsfreiheit erheblich einschränken könnte.

Es sei undenkbar, dass Entscheidungen über die Rechtmäßigkeit und/oder die strafrechtliche Relevanz von Beiträgen privatisiert würde, statt in den Händen der Strafjustiz zu liegen.

Nun ist das Gesetz in Kraft. Jedoch bleiben mal Schmähungen und Hasskommentare stehen, während andere scharfe, aber rechtmäßige Äußerungen gelöscht werden.

Je nachdem, welche politische Überzeugung in dem Beitrag geäußert wird, und ob die Äußerung politisch korrekt ist oder nicht.

Am 23. März 2018 kam es nun zum ersten Mal zu einem gerichtlichen Eklat, der sich auf das NetzDG stützte. Das Landgericht Berlin entschied in einer einstweiligen Verfügung, dass ein von Facebook gelöschter Beitrag wieder freigeschaltet werden müsse. In besagtem Beitrag wurde ausgesagt ... "Die Deutschen verblöden immer mehr. Kein Wunder, werden sie doch von linken Systemmedien mit Fakenews über ‚Facharbeiter', sinkende Arbeitslosenzahlen oder Trump täglich zugemüllt."

Facebook hatte den Beitrag unter Berufung auf das NetzDG nach Meldung durch andere Benutzer gesperrt. Das Landgericht entschied nun für den Verfasser des Beitrags, zumindest in der einstweiligen Verfügung.

Inzwischen gibt es mehrere Fälle, in denen Sperren bei Facebook, nach erfolgtem Einspruch wieder aufgehoben wurden, in denen gelöschte oder gesperrte Inhalte wieder freigegeben wurden, nachdem der betreffende Nutzer entweder Einspruch erhoben, oder geklagt hatte.

VERKAUFT-WIE DUMM SIND WIR EIGENTLICH?

Carlo Schmid (SPD) sagte in seiner Grundsatzrede 1948, es sei im Grunde die gesamte Gewalt im Parlament konzentriert. Das Parlament solle nicht nur Gesetze erlassen können und die Regierung politisch kontrollieren, sondern es sollte auch über die Rechtmäßigkeit der Dinge entscheiden können. Wenn man das tue, dann habe man alle Voraussetzungen für die Erschaffung einer Diktatur verwirklicht.

In einer Demokratie hat das Parlament die Aufgabe, Gesetze zu erlassen und die Regierung zu kontrollieren. Das Paradoxe an unserer heutigen Situation ist, dass nicht etwa das Parlament die Regierung kontrolliert, sondern die Regierung kontrolliert das Parlament.

Die im Bundestag gehaltenen Debatten sind, bis auf Ausnahme weniger Redner, nichts weiter als ein Kasperle-Theater, bei dem die Akteure sich abwechselnd ein paar Worte entgegenwerfen, im Grunde aber dennoch am Ende gleicher Meinung sind und gemeinsam abstimmen.

Und in dieser Regierung und diesem Parlament wird mehr und mehr in einer Art Mikromanagement auseinander gepflückt, was man darf und nicht darf. Es begann mit Tabakerzeugnissen. Das Rauchen wurde und wird verteufelt. Nun kann man gewiss nicht bestreiten, dass Rauchen gesundheitsschädlich ist und potenziell auch zum Tod führen kann. Was aber der durchschnittliche, sich von der Regierung bestätigte militante Nichtraucher vergisst, ist die Tatsache, dass die Tabaksteuer auch eine riesige Einnahmequelle für den Bund darstellt.

Im Jahre 2017 betrugen die Einnahmen aus der Mineralölsteuer 31,6 Milliarden Euro, von denen rund 90 % aus dem Verkauf von Benzin und Diesel stammen. Das sind also rund 28,4 Milliarden Euro. Die Einnahmen aus der Tabaksteuer betrugen 14,7 Milliarden. Der AvD gab auf seiner Seite bekannt, dass die Mineralölsteuer bei einem Liter Benzin 65,45 Cent, und bei einem Liter Diesel 47,04 Cent beträgt.

Nun spielen wir mal ein kleines Gedankenspiel ...

Nach den oben genannten Zahlen ergeben sich 28,4 Milliarden Euro aus rund 65 Cent Mineralölsteuer auf einen Liter Benzin und rund 47 Cent auf einen Liter Diesel. Nehmen wir nun einmal an, dass alle Raucher Deutschlands über Nacht aufhören würden zu rauchen. Gibt es wirklich Menschen, die so naiv sind, dass sie glauben, am nächsten Morgen ginge ein Aufatmen durch Berlin? Weit gefehlt. Denn plötzlich fehlen 14,7 Milliarden Steuergelder.

Die Tabaksteuer bringt dem Bundeshaushalt knapp die Hälfte der Einnahmen, die er durch die Mineralölsteuer hat.

Was würde die Bundesregierung in diesem Fall tun? Man nimmt die nächstbeste Steuer, am besten eine, an der kaum jemand vorbei kommt, und erhöht sie. Das Geld muss ja irgendwo herkommen. Also würde man die Mineralölsteuer erhöhen, um den Verlust durch die unverschämten Raucher, die aufgehört haben, wieder auszugleichen. Oder aber, man würde eine neue Steuer einführen, mit der Kraftstoffe belegt werden. Das Endresultat wäre das gleiche.

Und wie würde sich das nun auf die Kraftstoffpreise auswirken? Wie wir bereits zuvor herausgefunden haben, betragen die Einnahmen durch die Tabaksteuer beinahe 50 Prozent der Einnahmen durch die Mineralölsteuer.

Wenn man den Verlust der Tabaksteuer nun ausgleichen müsste, so würde das bedeuten, dass die Mineralölsteuer um circa 50 Prozent angehoben werden muss. Also würde Benzin um rund 32 Cent und Diesel um rund 24 Cent teurer. Und das mehr oder weniger über Nacht, beziehungsweise in einem sehr kurzen Zeitraum.

Die öffentliche Hetzjagd auf Raucher ist nicht im Sinne der Regierung. Sie hält diese lediglich ab, um politisch korrekt zu sein, denn es ist nicht mehr zeitgemäß zu rauchen. Vor allem seit das Rauchen in den USA, unserem großen Vorbild, mehr und mehr verteufelt wird.

Noch gibt es kein Tabaksteuer-Äquivalent, quasi als Gesundheitsabgabe auf Zucker und zuckerhaltige Erzeugnisse. Die Frage ist, wie lange noch, denn die Hetzjagd gegen Zucker wird, ebenso vehement geführt, wie gegen das Rauchen. Gleiches gilt für Fleisch, zumindest wenn man sich das Gros der Grünen anhört. Versteht mich nicht falsch, ich habe nichts gegen Vegetarier, und jeder soll so glücklich werden, wie er es mag, solange er keinen anderen dabei einschränkt oder schädigt.

Energie ist ohnehin etwas fürchterlich Böses, sei es Kernkraft oder Kohleenergie. Das treibt zum Teil Blüten, die selbst die Schildbürger nicht besser hätten züchten können.

Wir befinden uns in einer Gesellschaft, bei der man den Eindruck hat, dass sie dafür lebt, für dumm verkauft zu werden. Es ist eine Art der kollektiven Unterwerfung, in der das Volk es aufgibt selbstständig zu denken, und sich das was sie für richtig befinden in politisch korrekten Häppchen füttern lässt.

Was daran so traurig ist, ist die Tatsache, dass unser Land nach dem beiden Weltkriegen von unseren Vorfahren wieder aufgebaut wurde. Wenn man bedenkt, welche Anstrengungen unternommen wurden, um unser Land wieder dorthin zu bekommen, wo es in den 90er Jahren war, und was seitdem damit geschehen ist.

Wie unser Land systematisch zerlegt wird, wie systematisch die Grundfesten unseres Landes, unserer Gesellschaft, die Errungenschaften der zurückliegenden Jahrzehnte zerstört werden.

Wenn man sich in einem ruhigen Moment zurücklehnt und sich das durch den Kopf gehen lässt, dann kann man schon verzweifeln.

Es tut mir wirklich leid, was mit unserem Land passiert. Nicht aus Patriotismus, sondern aus Mitleid einem Land gegenüber, das inzwischen ein Schatten seiner selbst ist.

Eine Gesellschaft, die sich stets auf Toleranz beruft, sich stets politisch korrekt verhält, die es nicht schafft die Grenzen des Landes zu schützen, die No-go-Areas zulässt, die eine radikale Gewalt verteufelt, während sie die Gewalt des anderen Spektrums als Autonome abtut, die es zulässt, dass Polizisten, Sanitäter und Feuerwehrleute bei der Ausübung ihrer Tätigkeit verletzt und gejagt werden und dann bei den verletzten die Schuld sucht, eine solche Gesellschaft hat sich nicht nur selbst aufgegeben, sie wird auch jeden Despoten und Autokraten gewähren lassen.

Über Jahrzehnte hinweg wurden Anwälte und die Gerichte (zu Recht) verteufelt, weil sie nur allzu oft in Vergewaltigungs-Prozessen der Frau die Schuld an dem geschehenen gaben. Doch heutzutage tut man das bereits aus Gewohnheit, jedes Mal, wenn die Polizei ihrer Aufgabe nachgeht, und die Täter nicht mit Samthandschuhen anfasst.

Spanien hat aus dem, was in Europa seit einigen Jahren geschieht wenigstens teilweise etwas gelernt. So wurden zum Beispiel unlängst 150 Migranten, die sich widerrechtlich Zugang zur spanischen Enklave Ceuta in Nordafrika verschafft hatten, um so nach Europa einreisen zu können, umgehend wieder abgeschoben. Die Männer waren gewaltsam eingedrungen und hatten dabei Polizisten und Grenzsicherungsbeamte mit Ätzkalk beworfen und mit Batteriesäure bespritzt.

Einige Wochen zuvor kam es zu ähnlichen Ausschreitungen, in deren Verlauf seitens der Migranten auch selbst gebaute Feuerwerfer eingesetzt wurden.

Wenn man sich die Videos ansieht, wie diese Männer sich gewaltsam Zutritt zu der spanischen Enklave auf dem afrikanischen Kontinent verschaffen, so muss man den Spaniern danken. Diese jungen und gewaltbereiten Männer sehen weder aus, noch benehmen sie sich wie Flüchtlinge. Sie sind nicht auf der Flucht, sie wollen in ein Land, in dem sie ohne Arbeit Geld bekommen, eine Rundumversorgung erhalten und Straftaten begehen können, ohne mit ernsthaften Repressalien rechnen zu müssen.

Auch hat sich inzwischen mit Sicherheit herumgesprochen, dass man aus Deutschland nicht abgeschoben wird, da ein Heer aus links-grünen Anwälten bereitsteht, die gegen eine Abschiebung klagen.

Ein illegaler Grenzübertritt kann und darf nicht zu einem geduldeten Aufenthalt in Europa führen. Das war und ist noch immer das Hauptproblem bei der Migrantenkrise.

Auch zu Beginn der Migrantenkrise konnte man wiederholt Bilder und Videos aus Ungarn und anderen Ländern sehen, in denen sich Migranten Straßenkampf-ähnliche Szenen mit der Polizei lieferten.

Es steht die Frage im Raum, wann es so weit kommen wird, dass sich europäische Grenzbeamte mit Waffengewalt gegen solche Menschen verteidigen müssen. Der Aufschrei aus der links-grünen Ecke wird immens sein, jedoch geht es hier nicht um die Rettung von Bürgerkriegsflüchtlingen, sondern um die Abwehr von illegalen Migranten, die sich illegal Zutritt auf fremdes Staatsgebiet verschaffen wollen. Geschieht dieser Versuch friedlich, so kann er auch friedlich begegnet werden. Wird dabei Gewalt angewendet, so ist es durchaus möglich, dass es sich dabei für die Beamten um eine Notwehrsituation handelt.

Die Not von wirklichen Flüchtlingen muss mit humanitären Mitteln bekämpft werden. Gewalt jedoch kann und darf man nicht mit humanitären Mitteln begegnen.

Es gibt inzwischen unzählige Beispiele für Migranten, die trotz eines negativen Bescheides auf ihren Asylantrag in Deutschland geduldet wurden und in dieser Zeit Straftaten begangen haben.

So gab es zum Beispiel Magomed-Ali C, der einen Sprengstoffanschlag plante. Der in Untersuchungshaft untergebrachte Ausländer hatte in seiner Wohnung in Berlin Sprengstoff gelagert, mit dem einen Sprengsatz bauen wollte, der dann an einem anderen Ort in Deutschland gezündet werden sollte.

Obwohl sein Asylantrag in 2017 abgelehnt wurde, durfte er sich weiterhin in Deutschland aufhalten, weil er angab, krank zu sein.

Auch der unlängst in Chemnitz wegen Totschlags verhaftete 22 jährige irakische Asylbewerber Jussif A. hätte bereits im Mai 2016 abgeschoben werden können. Der zweite, ebenfalls in Untersuchungshaft befindliche Täter, der 23 jährige Syrer Alaa S. ist anerkannter Flüchtling. Nachdem Jussifs Asylantrag durch das Bamf abgelehnt wurde, wurde die Abschiebung jedoch nicht in der sechsmonatigen Frist nicht vollzogen. So klagte der Iraker erfolgreich gegen die Ablehnung und der Antrag liegt nun seit August 2017 wieder beim Bamf zur Entscheidung.

Das Bundesinnenministerium teilte am vierten September mit, dass es Zweifel an der Herkunft der beiden inhaftierten gibt. Jussif A. hatte bereits bei einer Anhörung im Rahmen seines Asylverfahrens gefälschte Papiere vorgelegt, durfte jedoch weiterhin hier bleiben.

Die Herkunft und Personalien von Alaa S. beruhen lediglich auf seinen eigenen Angaben. Das Bamf ist nun damit beschäftigt, die Angaben beider Männer zu überprüfen ... nachdem sie sich bereits seit Jahren in Deutschland aufhalten.

Aufgrund des Nichteinhaltens unserer Gesetze, des politischen Korrektheits-Wahns unserer inzwischen im links-grünen Einheitssumpf schwimmenden Altparteien-Politiker, der Geldgier unserer Anwälte, und der nicht mehr zeitgemäßen Asylgesetze, die dringend Zusatzbestimmungen und eine Überarbeitung bräuchten, hielten sich diese beiden Männer in Deutschland auf.

Aufgrund dessen ist nun ein 35-jähriger Familienvater nicht mehr am Leben, ist eine Ehefrau nun Witwe und wird ein Kind nie wieder seinen Vater sehen.

Ähnliche Probleme zeigt der Fall der in Kandel erstochenen 15 jährigen Mia auf. Der Täter Abdul D. hatte bei seinem Asylantrag angegeben, 15 Jahre alt zu sein. Bezeichnend ist, dass dies erst nach der Tat infrage gestellt wurde.

Ein Gutachten der Staatsanwaltschaft ergab, dass er zum Tatzeitpunkt mindestens 17 Jahre alt war, man jedoch davon ausgehen könne, dass er mindestens 20 Jahre alt war.

Das Gericht entschied sich dennoch, die Tat nach dem Jugendstrafrecht zu verhandeln. Somit bekam er für den Mord an der 15 jährigen gerade einmal acht Jahre.

Zwar kann man den Grundsatz "Im Zweifel für den Angeklagten" durchaus nachvollziehen, jedoch muss man sich vor Augen führen, dass es aufgrund des

Gutachtens den Verdacht gab, dass der Täter mindestens 20 Jahre alt war, und dass es hier um Mord ging. Inzwischen legte die Staatsanwaltschaft Revision gegen das Urteil ein.

Wer mit einem Messer bewaffnet seine Exfreundin sucht, sie findet und mit mehreren Messerstichen quasi hinrichtet, bloß weil sie ihn verlassen hat, der sollte auch mit 20 Jahren nicht mehr nach dem Jugendstrafrecht verhandelt werden. Es handelt sich hier um Mord aus Eifersucht und Rache. Aus der Eifersucht, dem Rachegedanken und der gekränkten Ehre eines Mannes heraus hat ein 15 jähriges Mädchen nun keine Zukunft mehr. Ihr Leben verlor sie in einer Drogerie, ihre Träume, ihre Zukunftspläne, ihre Wünsche.

Ist es nicht merkwürdig, wie Migranten mehrere Tausend Kilometer auf sich nehmen, um zu uns zu kommen, ihren Pass leider verlieren, ihr Smartphone jedoch noch besitzen? Wie sie gesund genug sind, hier zu uns zu kommen, jedoch zu krank sind, um wieder abgeschoben zu werden? Wie sie in ihren Herkunftsländern angeblich politisch verfolgt sind, und um ihr Leben fürchten müssen, jedoch genau dorthin in Urlaub fahren können?

Nun sagen einige, dass das Mädchen selbst daran schuld war, weil sie sich mit diesem Mann eingelassen hat. Auf der anderen Seite muss man bedenken, wie leicht junge Menschen in diesem Alter zu verführen und zu beeinflussen sind. Beziehungen zu muslimischen Männern werden, wie zum Beispiel durch die KIKA-Sendung "Malvina, Dia und die Liebe" propagiert.

In der Sendung wird die Beziehung zwischen der 16 jährigen Malvina und dem angeblich 17 jährigen Diaa. Der Mann, der in der Sendung gezeigt wird, wirkt jedoch deutlich älter als 20! In der Sendung des Kanals, der sich an 10 bis 13 jährige richtet, sagt Diaa zum Beispiel "Sie gehört mir und ich ihr. So ist das bei mir".

Nun hört man diese Worte als Erwachsener anders als eine jugendliche. Und darin liegt bei Fällen, wie der getöteten Mia das Problem. Junge Mädchen sind einfach zu beeinflussen. Sie gehen einfacher und leichtsinniger eine Beziehung ein, vor der eine erwachsene Frau zurückschrecken würde. Sie sind sich den Gefahren, die eine andere

Kultur und deren "Besitzrecht" der Frau durch den Mann mit sich bringt, nicht bewusst.

In besagter Sendung, sowie anderen Fällen, wie zum Beispiel "Jugendzentren" in denen vermeintlich junge Migranten mit jungen deutschen Mädchen bekannt gemacht werden, sind keine Experten zu sehen.

Den Jugendlichen wird nicht verdeutlicht, dass kein Mensch einem anderen gehört. Man kann zwar ein Zugehörigkeitsgefühl gegenüber einem anderen Menschen haben, jedoch "gehört" kein Mensch einem anderen.

Kulturelle Unterschiede müssen nicht unbedingt ein Problem sein. Europa hat eine Vielzahl unterschiedlicher Kulturen, die alle ihre eigenen Eigenheiten und Besonderheiten aufweisen. Was sich jedoch inzwischen durch Europa zieht, ist der rote Faden der Gleichberechtigung. Eine Frau ist genauso wenig Besitz des Mannes, wie es anders herum der Fall ist.

Andere Kulturen haben unsere eigene in vielen Dingen bereichert. Sie haben Einfluss auf unsere Kultur gehabt. Als ganz banales Beispiel kann man hier die Esskultur nehmen. Italienische und griechische Restaurants sind aus unseren Landen nicht mehr wegzudenken. Ohne den Einfluss anderer europäischer Komponisten wäre unsere eigene Musikgeschichte nicht so vielfältig, wie sie ist.

Ohne den Einfluss anderer europäischer Schriftsteller, Dichter und Lyriker wäre unsere eigene Literaturgeschichte nicht so breit gefächert, wie sie ist. Nur um einige Beispiele zu nennen.

Wenn aber eine Kultur, oder Teile derselben gegen unsere Gesetze verstößt, so müssen diese Teile angepasst werden. Unsere Gesetze existieren nicht ohne Grund. Natürlich darf jeder der legal hier lebt auch seine eigene Kultur pflegen. Allerdings muss diese auch mit unseren Gesetzen vereinbar sein. Der Freibrief, dass man für unterschiedliche Verhaltensweisen Verständnis haben muss, weil sie nun einmal zu einer anderen Kultur gehören, darf so nicht gelten.

Jeder, der sich legal hier in unserem Land aufhalten will, muss sich unserer Gesetze bewusst sein, und diese auch in vollem Umfang achten, respektieren und befolgen. Ausnahmen hiervon darf es nicht geben.

Das gilt natürlich für das Grundgesetz, das StGB und auch für das BGB. Doch selbst unsere Behörden und Gerichte haben Probleme mit der Anwendung der Gesetze, wenn es um unsere "Neubürger" geht.

Laut § 172 StGB macht sich strafbar, wer mit mehr als einem Ehepartner verheiratet ist. Die Strafe hierfür reicht von einer Geldstrafe bis hin zu drei Jahren Freiheitsstrafe.

Gemäß § 30 AufenthG ist der Zuzug eines zweiten Ehepartners unter Umständen erlaubt. Zwar ist laut Gesetz nur der Zuzug eines Ehegatten erlaubt, jedoch darf ein zweiter Ehegatte folgen, wenn der betreffende von erstem Ehepartner getrennt lebt.

Dadurch kann der zuerst nachgezogene Ehepartner unter Umständen sein Aufenthaltsrecht verlieren.

Im Mai 2018 urteilte das Bundesverwaltungsgericht, dass eine im Ausland geschlossene Zweitehe einem Einbürgerungsanspruch gemäß § 10 StAG nicht entgegensteht. Vorherige Instanzen waren der Auffassung, dass dies nicht mit der Freiheitlich-Demokratischen Grundordnung vereinbar sei. Wie das Verwaltungsgericht entschied, ist dies jedoch der Fall.

Ein entsprechendes Verbot könne lediglich durch eine Bindung der einzubürgernden an die "Einordnung an die deutschen Lebensverhältnisse" erfolgen.

Jedoch geht es, so fragwürdig die Ansicht des Gerichts auch in sich sein mag, lediglich um Einbürgerungen, nicht um Aufenthaltsgenehmigungen. Aber auch in diesen Fällen sehen die Behörden gerne mal über Vielehen hinweg, mit teilweise haarsträubenden Begründungen.

So zum Beispiel der Fall einer angeblich syrischen Familie. Der Ehemann zog mit seiner Erst-Frau und vier Kindern nach Deutschland und beantragte Asyl. Natürlich durfte er bleiben. Kurz darauf holte er dann seine Zweit-Frau samt weiterer vier Kindern und deren Oma nach. Nun lebt er fröhlich mit seinen zwei Ehefrauen, acht Kindern und Oma auf Staatskosten.

Die Begründung des Landkreises Pinneberg für die straflose Vielehe ... "Wir haben nicht eine zweite Ehefrau ins Land geholt, sondern die Mutter der Kinder. Kein Mensch wird bestreiten wollen, dass Kinder ihre Mutter brauchen. Vor allem im Ausland." Für die Kinder hätte es eine besondere Härte bedeutet, ohne ihre Mütter in Deutschland zu leben.

Hier wird deutsches Recht mit Füßen getreten. Polygamie ist in Deutschland strafbar. Wenn nun der Vater dieser Kinder, alle seine Kinder nach Deutschland holen will, so müsste er dies entweder ohne die zweite Frau tun, oder aber sie müsste im Heimatland verweilen.

Die andere Alternative wäre, dass eine der beiden Frauen sich scheiden lässt und selbst einen Asylantrag stellt.

Es kann und darf nicht sein, dass unsere Gesetze nur für "deutschstämmige" Menschen gelten, nicht aber für Menschen, die hier zuwandern, Asyl beantragen oder geduldet werden. Gesetzesregeln das Leben miteinander, das Leben im Staat und die Verhaltensweisen der Bürger.

Sie müssen auch für jene gelten, die keine Bürger des Staates sind, sondern sich aus verschiedenen Gründen im Staatsgebiet aufhalten.

Noch irrsinniger wird es, wenn man zum Beispiel Berlin schaut. So schätzt zum Beispiel der Islamrechtler Mathias Rohe in einem Artikel der "Welt", dass ca. zwei bis drei Prozent der in Berlin lebenden Männer eine Zweit-Frau haben. Gegenüber der "Zeit" äußerte sich ein Sprecher des Justizministeriums dahin gehend, dass man diese Art zu leben nicht verbieten könne. Man könne schließlich in einer Studenten-WG auch die freie Liebe nicht verbieten, und nur religiös geschlossene Ehen sind rechtlich nicht wirksam.

Nun frage ich mich, wie unser Staat den Regelungen des Islam gegenübersteht. Zum einen ist, wie oft genug als Argument angebracht wird, der Koran auch das gesetzgebende Buch für alle Moslems. Für eine Vielzahl, wenn nicht sogar (Interviews zufolge) die meisten stehen die "Gesetze" des Koran über unseren deutschen Gesetzen.

Für das Justizministerium jedoch ist eine gemäß den Bestimmungen des Koran geschlossene Vielehe lediglich eine religiös geschlossene Ehe und als solche nicht strafbar. Welches Schweinderl hätten's denn gerne, um es mit den Worten einer aus der Schwarz/Weiss-TV-Zeit bekannten Quizsendung zu sagen? Religion, oder Gesetz? Was ist denn nun das, was in besagtem Buch geschrieben steht?

Wenn es für diejenigen, die diesem Glauben angehören, oberstes Gesetz ist, und sogar über unseren deutschen (weltlichen) Gesetzen steht, wie kann es dann sein, dass eine nach diesem Buch geschlossene Ehe nur religiös geschlossen ist?

Des weiteren wirft sich dann die Frage auf, was denn im Falle von Sozialleistungen aus diesen Zwei-, Dritt-, oder Viert-Frauen wird? Hierfür zahlt der Staat ja ebenfalls. Genauso wie Kindergeld und so weiter.

Es wird hier wieder einmal mit zweierlei Maß gemessen. Der deutschstämmige Bürger muss sich an die Gesetze halten, der Neubürger beziehungsweise der einer anderen als den in Deutschland etablierten christlichen Kirchen angehöriger muss das nicht.

Das ließe nun also folgenden Schluss zu ... wenn ich morgen aus der evangelischen Kirche austrete und zur besagten Religion übertrete, dann kann ich bis zu vier Frauen haben?

Oder ich wechsele zum mormonischen Glauben über, schließe mich der fundamentalistischen Kirche Jesu Christi der Heiligen der letzten Tage an, und besorge mir gleich bis zu acht Frauen? Und alles bloß, weil ich mich auf ein Recht berufe, dass in Deutschland eigentlich rein rechtlich gesehen keine Gültigkeit hat?

Wir müssen damit aufhören, andere Glaubensgruppen und Religionsgemeinschaften zu hofieren, weil wir in falsch verstandenem Integrationswahn der Meinung sind, dass Integration bedeutet, dass wir uns und unser Land unseren Gästen anpassen müssen.

Eric F. Sidler, Korrespondent des Wall Street Journal schrieb in seinem Buch "Mein geliebtes Deutschland, kritische Reflexionen eines Gastarbeiters, dass man immer wieder von der Ausländerfeindlichkeit der Deutschen lese. Dem sei jedoch nicht so. Das Einzige, was mehr und mehr Bürger nicht mehr gewillt seien, hinzunehmen, seien die Ausländer, die unter dem Deckmantel politischer Verfolgung und den Menschenrechten Einreise nach Deutschland sucht, und hier die Gastfreundschaft der Menschen missbraucht.

Diese Menschen seien Ausbeuter des deutschen Sozialsystems und spielten sich hier in Deutschland auf, als sei Deutschland ihnen uneingeschränkten Aufenthalt und soziale Unterstützung schuldig, bloß weil sie in ihren eigenen Heimatländern weder erwünscht, noch in irgendeiner Weise erfolgreich seien.

Der gebürtige Schweizer, der selbst in die USA ausgewandert ist und dort die Staatsbürgerschaft annahm, hatte bereits vor einigen Jahren dadurch Aufsehen erregt.

Er hatte geäußert, dass es für Dinge wie Kindergeld, Krankenversicherung etc eine Gehalts-Untergrenze geben müsse.

Diese Dinge sollten nur Menschen zustehen, die unter einer bestimmten Einkommensgrenze liegen. Ab einer bestimmten Grenze sollten die Zahlungen nicht mehr, oder nur in gewissen Prozentsätzen möglich sein. Eine geniale Idee, übrigens!

Etwas, dass definitiv einige weitere Blicke wert wäre. Denn man fragt sich schon, warum ein Vorstandsvorsitzender genauso viel Kindergeld erhält, wie ein Arbeiter, der gerade genug verdient, um mit seiner Familie überleben zu können. Doch zurück zum Thema ...

Derzeit macht das Wort "Spurwechsel" die Runde. Hierbei soll es abgelehnten Asylbewerbern möglich sein, in Deutschland zu bleiben, wenn sie einen Arbeitsplatz haben. Wieder einmal wird als Grund für einen solchen Spurwechsel der viel beschworene Fachkräftemangel aus der Schublade geholt. Der ehemalige Bundeskanzler Helmut Schmidt sagte zum Thema Fachkräftemangel in einem Interview, wenn die Wirtschaft Fachkräfte benötige, dann solle sie sie gefälligst ausbilden! Und er hatte recht. Wir können einen Fachkräftemangel nicht dauerhaft durch Zuwanderung lösen.

Wenn zum Beispiel bemängelt wird, dass in Pflegeberufen dringend Fachkräfte fehlen, dann muss man Bedingungen für Pflegeberufe schaffen, die eben jene Berufe wieder attraktiver machen. Dadurch werden sich dann auch wieder interessierte junge Menschen finden, die diese Berufe wählen. Durch Anwerben von ausländischen Mitarbeitern erreicht man nur eines ... man hält die Löhne niedrig und die Arbeitsbedingungen schlecht.

Und genau dort liegt das Problem. Wenn Fachkräfte fehlen, dann müssen die Bedingungen geschaffen werden, die diese Berufe für junge Menschen wieder interessant machen. Das funktioniert aber nur, wenn man nicht vorrangig damit beschäftigt ist, Deutschland mehr und mehr in ein Land des Niedriglohns umzuwandeln.

Bundespräsident Steinmeier lud nach seinem diesjährigen Sommerurlaub zu einer Deutsch-Türkischen Kaffeetafel. Der Focus meint dazu, dass einiges in unserem Land falsch läuft, wenn eine türkisch aussehende Frau beim Erscheinen in einem Laden gleich als Bewerberin für die Putzfrauenstelle identifiziert wird, türkischstämmige Kinder mit sehr guten Noten auf die Hauptschule verwiesen werden und Menschen mit ausländisch klingendem Namen bei der Wohnungssuche aussortiert werden.

Man fragt sich, in welchem Land der Focus seine Recherchen betreibt. Vielleicht sollten die betreffenden Journalisten sich einmal Schulen mit außergewöhnlich hohem Anteil "Nicht-Deutschstämmiger" ansehen, oder sich mit wohnungssuchenden Deutschen Mittelschicht-Familien unterhalten.

Ich selbst kenne einige türkischstämmige Menschen, deren Familien hier seit zwei Generationen leben. Sie sind bestens integriert, arbeiten und sind in jeder Hinsicht kaum von "seit jeher hier lebenden Deutschen" zu unterscheiden. Sie sind gute Menschen, fleißig, freundlich und hilfsbereit. Was sorgt nun dafür, dass selbst diese Migranten einen schlechten Ruf haben, dass sie immer wieder mit denen die von Sozialleistungen leben, sich in undurchsichtige Geschäfte verwickeln und keinerlei Integrationswillen haben, über einen Kamm geschert werden?

Da wären zum einen die massiven Kundgebungen für den türkischen Präsidenten Erdogan. Der nicht nur von seinen politischen Gegnern in der Türkei als Autokrat und Islamist bezeichnete Politiker sorgt regelmäßig für Unruhe in unserem Lande. Sei es durch Hetze gegen Deutschland, unverhohlene Drohungen in Richtung der EU und Deutschlands, oder durch geplante Auftritte in Deutschland.

Bezeichnend auch die Tatsache, dass auf deutschem Boden türkischer Wahlkampf getätigt wird, indem Abgesandte von Erdogan hier Wahlkampfreden schwingen.

Man stelle sich vor, dass von deutschen, französischen oder britischen Gruppierungen in den USA Massenkundgebungen abgehalten werden, wenn in den betreffenden Ländern Wahlen anstehen.

Wenn Zehntausende mit türkischen Fahnen durch deutsche Straßen ziehen, in Kundgebungen gegen die türkische Opposition oder für Erdogan demonstrieren und unsere Politiker dabei zusehen und dies sogar gut heißen, während man als rechter Spinner oder Nazi bezeichnet wird, wenn man mit deutscher Fahne durch die Stadt läuft, dann sagt dies vieles über die Gesinnung unserer Politiker aus. Wenn in einem Bericht aus einer Berliner Schule türkische Jugendliche aussagen, dass Deutsche hier eigentlich stören und es nicht schlecht wäre, wenn es hier keine deutschen gäbe, dann muss man sich fragen, in welchem Land wir eigentlich wohnen.

Wie bereits in einem vorangegangenen Absatz erwähnt, sollte jeder Ausländer, sowie von Ausländern abstammende die Pflicht haben, unsere freiheitlich demokratische Grundordnung, sowie unsere Gesetze eindeutig und unwiderruflich anzuerkennen.

Wenn dies nicht der Fall ist, so müssen dementsprechende Folgen zu erwarten sein.

In den so oft als Vorbild und Anführer der freien Welt bezeichneten USA ist die Regelung ähnlich. Wer die Staatsbürgerschaft erlangen will, der muss den "Oath of Allegiance" leisten, den Treueeid.

Dieser lautet wie folgt: "Hiermit erkläre ich aus Eidesgründen, dass ich gegenüber allen ausländischen Fürsten, Potentaten, Staaten oder Souveränitäten, von denen ich bis jetzt ein Subjekt oder ein Staatsbürger gewesen bin, ganz und gar auf alle Loyalität und Treue verzichte; dass ich die Verfassung und die Gesetze der Vereinigten Staaten von Amerika gegen alle ausländischen und inländischen Feinde unterstützen und verteidigen werde; dass ich wahren Glauben und Treue zu demselben tragen werde; dass ich im Auftrag der Vereinigten Staaten Waffen tragen werde, wenn dies gesetzlich vorgeschrieben ist; dass ich in den Streitkräften der Vereinigten Staaten einen nicht-kämpfenden Dienst leisten werde, wenn dies gesetzlich vorgeschrieben ist; dass ich eine Arbeit von nationaler Bedeutung unter ziviler Leitung ausführen werde, wenn dies gesetzlich vorgeschrieben ist; und dass ich diese Verpflichtung frei ohne irgendeinen geistigen Vorbehalt oder Absicht der Umgehung nehme."

Hier wird die bedingungslose und absolute Treue gegenüber den USA geschworen, und diesen Eid nehmen die USA sehr ernst. Wer zum Beispiel auf seinem Antrag falschen Angaben macht, oder im Antragsverlauf einen Mitarbeiter der Einwanderungsbehörde belügt, der wird in den allermeisten Fällen seine Aufenthaltsgenehmigung verlieren.

Gleiches gilt für Migranten, die Straftaten begehen. Hierbei sind kleinere Delikte, wie Verkehrs-Ordnungswidrigkeiten ausgeklammert. Straftaten sind jedoch in den allermeisten Fällen ein Grund für einen beinahe automatischen Verlust der Aufenthaltsgenehmigung.

Was auch zu erwähnen wäre, ist, dass abzuschiebende Ausländer in den USA in Abschiebehaft genommen werden. Man erwartet nicht, dass sie sich freiwillig am Flughafen einfinden, sondern man sorgt dafür, dass sie an Bord des Flugzeuges sind, in dem sie das Land verlassen sollen.

Weiterhin sind die meisten Sozialleistungen für Einwanderer limitiert. Social Security (Sozialhilfe), Medicaid und Medicare (kostenlose "Armen-Krankenabsicherungen") können von Migranten lediglich in beschränktem Maße in Anspruch genommen werden. Dies ist weit entfernt von der Rundum-voll-Versorgung der Migranten bei uns.

Doch zurück zu unserem Bundespräsidenten. Bei seinem deutsch-türkischen Kaffeeklatsch betonte er, dass Rassismus und Diskriminierung die Würde der Menschen verletzt und für unser Land beschämend seien. Diesen Satz kann ich so zwar unterschreiben, aber man muss den Zusammenhang sehen.

Wir sind ja bereits auf das Beispiel der Schulen eingegangen. Diskriminierung kann in viele Richtungen stattfinden, nicht nur in eine. Sehr oft sogar findet sie in eben die Richtung statt, die von "unserem" Bundespräsidenten nicht gemeint war.

In einem Punkt möchte ich Herrn Steinmeier absolut widersprechen. Heimat, das ist kein loser Begriff, egal wie gerne unsere links-grünen Altparteien sie gerne dazu machen würden.

Das Heimatland ist das Land, aus dem man stammt und in dem man eben seine Heimat hat. So gibt es zum Beispiel auch im Bundesvertriebenengesetz den Begriff der Heimatvertriebenen. Dabei ging es um Menschen deutscher Staatsangehörigkeit, die nach dem Zweiten Weltkrieg ihre Heimat in den Ostbereichen Europas verlassen mussten.

Laut Herrn Steinmeier verpflichtet Integration auch beide Seiten. Sowohl die Migranten als auch die aufnehmende Gesellschaft. Er sagte weiterhin, dass es keine Halb-, Pass-, oder Biodeutschen gäbe. Es gäbe nur Deutsche als solche.

Es gäbe keine Deutschen auf Bewährung, denen das "Deutsch sein" bei Fehlverhalten wieder weg genommen werden könnte. Aber genau das ist in den gängigen Einwanderungsländern wie den USA, Kanada und Australien der Fall. Wer sich als Migrant nicht an die Gesetze hält, sich nicht in die Gesellschaft einfügt, sondern an mittelalterlichen Ideologien festhält und die Gesetze missachtet, der verliert seine Aufenthaltsberechtigung.

Das ist eine normale Schutzmaßname, die ein jeder funktionierender Staat vornehmen muss. Es geht hier um den Schutz des Landes, der inneren Sicherheit, sowie den Schutz der eigenen, angestammten Bevölkerung.

Der ehemalige Bundespräsident Gauck, der während seiner Amtszeit die Migrationswelle und das ständige Mantra von Integration und Multi-Kulti vehement verteidigte, ließ, nachdem er durch Steinmeier abgelöst wurde, ganz andere Töne verlauten.

So hieß es dann plötzlich, dass das Konzept des Multi-Kulti eine lange Zeit großen Einfluss in der Politik gehabt habe. Egal was auch immer sich in diesen Kulturen verborgen habe, die Vielfalt habe als Wert an sich gegolten.

Er führte weiter aus, dass die verschiedensten Kulturen friedlich nebeneinander existieren sollten, westliche Wertvorstellungen, die für alle gelten müssen, jedoch sehr oft abgelehnt würden.

Weiterhin stellte er fest, es sei beschämend, wenn Menschen vor der Unterdrückung von Frauen, vor Zwangsheiraten, Kinderehen, oder vor, durch die Eltern erlassenen Schwimmverboten für Mädchen in den Schulen die Augen verschließen. Es sei beschämend, wenn der unter Menschen aus arabischen Staaten weitverbreitete Antisemitismus ignoriert oder mit einem Hinweis auf die israelische Politik für verständlich erklärt, werde. Genauso beschämend sei es, wenn man für Kritik am Islam sofort in Verdacht gerate, aus Rassismus und einem Hass auf Muslime zu handeln.

In seiner Rede in Düsseldorf, die er im Februar 2018 hielt, erklärte er, dass Beschwichtiger, die jedwede berechtigte Kritik an Muslimen abblocken, indem sie sie als rassistisch verurteilen, die kritikwürdige Verhaltensweisen von Migranten verharmlosen, sich damit zu Verbündeten von Islamisten machen.

Auch auf unterschiedliche Wertvorstellungen ging Gauck in seiner Rede ein, als er sagte, dass zu viele Migranten zu abgesondert von unserer Gesellschaft leben (weil sie es vorziehen), und Werte hätten, die den Gesetzen, Regeln und Denkweisen unserer Bevölkerung widersprächen.

Im Juni 2018 gab Gauck der Bildzeitung ein Interview, in dem er ausführte, er finde es nicht hinnehmbar, wenn sich Menschen, die seit Jahrzehnten in Deutschland leben, nicht auf Deutsch unterhalten könnten, bei Elternabenden ihrer Kinder nicht erscheinen, oder ihre Kinder sogar vom Unterricht oder vom Sport ausschließen. Er sagte, dass man es von denen die zu uns kommen, erwarten könne und müsse, dass sie bereit sind, unser Land, so wie es gewachsen sei, und seine Werte zu akzeptieren. Es dürfe keine falsche Rücksichtnahme durch die Bürger oder Institutionen dieses Landes geben, weil man befürchte, man könne als Fremdenfeind gelten.

Gauck sagte in dem Interview auch, dass er es begrüßt, dass der Begriff Heimat wieder in die öffentliche Diskussion gerückt ist. Es sei überfällig gewesen, den Begriff von früherem politischen Missbrauch zu befreien, und dass dies gut gelungen sei.

Herr Gauck äußerte sich also nach Beendigung seiner Amtszeit völlig anders, als er dies tat, solange er noch im Amt war. Nun kann man ihm dies zwar auf der einen Seite nicht verdenken, aber andererseits muss man sich fragen, was die im Amt getätigten Aussagen unserer Bundespräsidenten wert sind, wenn sich diese während und nach der Amtszeit so grundlegend unterscheiden.

Die durchaus mahnenden Worte des Alt-Bundespräsidenten fanden in der Presse kaum Beachtung. Das wundert natürlich nicht, wenn man bedenkt, dass sie so gar nicht ins multikulturelle, bunte Bild der links-grünen Altparteien passt. Denn auf besagtem Bild werden keine Flecken des Zweifels, oder des Widerspruchs geduldet.

Wenn wir schon von unserem Bundespräsidenten sprechen, sollte man auch kurz auf die Ereignisse in Chemnitz eingehen. Wie bereits in einem vorangegangenen Abschnitt erwähnt, wurde dort ein junger Familienvater von zwei Migranten ermordet.

Nach diversen Demonstrationen, bei denen sich auch einige vermeintlich Rechtsradikale aufhielten, gab es ein gratis Konzert einiger Punkbands, um "gegen Rechts" zu demonstrieren. Nun teilte unser Bundespräsident Steinmeier einen Link mit Werbung für das Konzert. Nun sollte der Bundespräsident ja neutral sein, weder links noch rechts orientiert, für keine Seite Partei ergreifend. Doch auch hier ist, wie bei unseren Altparteien-Politikern üblich, rechts immer böse und links fast ausnahmslos gut. Steinmeier wurde für den Post kritisiert.

Die Kritik bezog sich hauptsächlich auf die Band "Feine Sahne Fischfilet", die wegen ihrer "explizit anti-staatlichen Einstellung" vom Mecklenburg-Vorpommerschen Verfassungsschutz beobachtet wird.

Interessant ist, dass sich die vermeintliche Merkel-Thronfolgerin Kramp-

Karrenbauer über Steinmeiers Post echauffierte, sich jedoch auf ihrer Facebook-Seite ein Mitschnitt eines anderen Auftrittes eines Konzertes von "Feine Sahne" befindet.

Nun kann man natürlich auch vergleichen, dass ein LKA Beamter, der bei einer PEGIDA-Demonstration gesehen wurde, sofort "unter Beschuss" kam. Da hieß es in den Medien, dass dieser Polizist ja schließlich Zugriff auf sensible Daten habe, und so etwas natürlich untragbar für das LKA sei. Auf der anderen Seite scheinen unser Bundespräsident und die Merkel-Thronfolgerin sich gerne in der linken Szene aufzuhalten, beziehungsweise für diese Werbung machen. Wenn man nun bedenkt, welches Amt Herr Steinmeier bekleidet, und dass Frau Kramp-Karrenbauer als Bundestagsabgeordnete ebenfalls an eine Vielzahl sensibler Daten gelangen kann, so fragt man sich, wo denn hier der mediale Aufschrei bleibt.

Natürlich sind auch unsere Kirchen involviert. Man engagiert sich für Migranten, sammelt fleißig Spenden, verteilt diese, und verurteilt jeden, der nicht bereit ist, seine Heimat aufzugeben als "Rechten", ganz der politisch korrekten links-grünen Ideologie folgend. Natürlich sind auch die Kirchen hier nicht uneigennützig. Könnte doch eine nicht wohl gesonnene Regierung die Abschaffung der Kirchensteuer ins Auge fassen.

Doch auch in der Kirche gibt es Probleme. So hat sich beispielsweise die "Kirchliche Sammlung um Bibel und Bekenntnis in der Nordkirche" gegen die Kandidatur der muslimischen CDU-Politikerin Aygül Özkan als Hamburger Bürgermeisterin ausgesprochen. Das "C" in CDU stehe für christliche Werte und Ethik. Der Islam, welcher Prägung auch immer, habe ein anderes Menschen- und Gottesbild als das Christentum. Somit verleugne die CDU in Hamburg ihre eigene christliche Herkunft und Geschichte und sei somit für bekennende Christen nicht wählbar.

Dies wurde natürlich umgehend seitens der evangelischen Nordkirche kritisiert. Es handele sich bei der "Sammlung" lediglich um eine unbedeutende kleine Splittergruppe, die keinerlei Rolle spiele. Die "Sammlung" hat jedoch mehrere Tausend Mitglieder und ist definitiv keine winzige Splittergruppe. Viel mehr handelt es sich um eine Splittergruppe, um die es seitens der evangelischen Kirche stillgehalten wird, damit ihre konservativen Einstellungen und Ansichten nicht zu sehr in den Medien behandelt werden.

Nach dem Mord an einem Deutsch-Kubaner durch zwei Migranten in Chemnitz kam es, wie bereits erwähnt zunächst zu friedlichen Demonstrationen, dann zu Ausschreitungen, einiger Menschen. Die regierungstreuen Medien, sowie die Altparteien-Politiker nahmen dies wieder einmal zum Anlass, gegen Rechts zu propagieren.

So wurde zum Beispiel darauf hingewiesen, dass es sich bei dem Ermordeten ja um einen Deutsch-Kubaner handelte, und dass dieser von den wenigen gewaltbereiten ja ebenfalls gejagt worden wäre. Tatsache ist jedoch, dass den allermeisten der vermeintlich Rechten dieser Umstand egal war. Man wusste vom ersten Tag an, dass das Opfer nur zur Hälfte Deutscher war. Es ging darum, dass wieder einmal eine Gewalttat durch Migranten verübt wurde, die nicht geschehen wäre, wenn die Regierung den Schutz des Landes und seiner Bürger ernst nehmen würde.

Den meisten der vermeintlich rechten ist dies egal, weil es entgegen den Behauptungen der regierungstreuen Medien nicht darum geht, dass nur "Bio-Deutsche" hier leben. Es geht darum, dass sich die Ausländer, die hier leben legal hier aufhalten müssen. Wer sich nicht legal hier aufhält, wer keinen genehmigten Asylantrag oder keine gültige Aufenthaltsberechtigung hat, der muss abgeschoben werden. Es geht darum, dass sich die Ausländer, die sich hier legal befinden, an unsere Gesetze und Regeln halten und diese achten, dass sie akzeptieren, dass unsere Gesellschaft eben anders "tickt" als ihre eigene, aus der sie stammen.

Diese Menschen fliehen angeblich aus ihren Ländern, weil die Zustände dort schlecht sind, arbeiten aber daran, dass wir hier eben jene Zustände bekommen, vor denen sie geflohen sind.

Ich habe selbst einige Flüchtlinge, wirkliche Flüchtlinge kennengelernt. Zum Beispiel eine syrische Familie, die vor dem herannahenden IS geflüchtet war.

Sie hatten außer der Kleidung, die sie am Leib trugen, nichts bei sich. Die Eltern absolvierten einen Deutschkurs, verpassten keine einzige Stunde. Die Kinder bemühten sich vom ersten Tag an, in der Schule mitzukommen.

Das war in 2014. Heutzutage sind beide Eltern berufstätig. Der Vater in Vollzeit, die Mutter halbtags, weil sie sich nebenher noch um die Kinder kümmert. Zuhause wird Deutsch gesprochen, und das ist auch an der Art, wie sie auf Deutsch kommunizieren zu merken.

Solche Flüchtlinge, Menschen, die wirklich aus ihrer Heimat geflohen sind, Menschen, die sich bemühen, die arbeiten, Menschen die ihnen entgegengebrachte Hilfe dankbar annehmen, die nicht fordern und verlangen, sondern verstehen, dass sie als Gäste in unserem Land keine Forderungen stellen können, sondern auf Hilfe angewiesen sind, wirkliche Flüchtlinge eben, gegen die hat niemand etwas ... gut, es gibt mit Sicherheit Ausnahmen, aber die breite Masse der als "Rechte" und "Nazis" verteufelten Bürger haben nichts dagegen wirklichen Flüchtlingen zu helfen.

Wenn nun in den Medien derart über die Geschehnisse in Chemnitz berichtet wird, dass es sich bei den Demonstranten, genauso wie bei den wenigen gewaltbereiten Menschen, die sich in Chemnitz auf den Straßen befanden, um Hooligans, Neonazis und Extremisten handelte, dann wird wieder einmal verallgemeinert.

Dann wird wieder einmal die Nazikeule geschwungen, um zu verallgemeinern, zu generalisieren, und werden wieder einmal die Bürger, die sich um die Lage unseres Landes Sorgen machen, mit den wirklichen rechtsradikalen, von denen es weniger gibt, als Linksextremisten, über einen Kamm geschoren.

In einem der Online-Nachrichtenmagazine stand, dass diese Menschen ein anderes, ein braunes Deutschland wollen, und dass das abscheulich sei. Das ein braunes Deutschland nicht gut wäre, dem stimme ich zu. Was aber vergessen wird, ist die Tatsache, dass gegen Linksextremisten, die ein anderes, ein vollständig rotes Deutschland wollen, bei Weitem nicht derart gehetzt wird, und diese Vorstellung ist noch abscheulicher.

Es wird vergessen, dass es sich bei der überwältigenden Mehrheit der Demonstranten in Chemnitz um friedliche Menschen handelte.

Um Arbeiter, Angestellte, Rentner, Mütter und Väter, Großmütter und Großväter, um Menschen die die Entwicklung in unserem Land sehen und realisieren, dass es immer schlimmer wird. Menschen die Angst um ihre Zukunft und die Zukunft ihrer Kinder und Enkel machen.

Und all jene Menschen werden im gleichen Atemzug mit radikalen gewaltbereiten Menschen genannt. Sie werden als "Rechte", als "Neonazis" oder als Gewalttäter bezeichnet.

In einem Online-Magazin hieß es, dass "besorgte Bürger" (der Ausdruck wird ja meist in Anführungszeichen gesetzt, um ihm einen negativen Unterton zu geben) bei Demonstrationen mitgelaufen seien, in denen der Hitlergruß gezeigt wurde.

Es ist richtig, dass am Rande der Demonstration von ein paar Menschen der Hitlergruß gezeigt wurde, jedoch war dies eine sehr kleine Gruppe. Eine Gruppe, die bei 5000 Teilnehmern den meisten gar nicht aufgefallen sein wird.

Dennoch wird es in den Medien so hingestellt, als wären große Mengen der Demonstranten mit erhobenem rechten Arm marschiert und die übrigen Demonstranten hätten sich nicht daran gestört.

Zum Vergleich kann man die Bundestagsvizepräsidentin Claudia Roth nehmen. Die nahm im November 2015 an einer anti-AFD Demonstration teil. Laut einem Artikel des Bayernkuriers wurden bei der Demonstration Sprechchöre wie "Deutschland verrecke" und "Nie wieder Deutschland" zu hören. Diese Parolen mussten laut dem Bericht, sowie laut einem Bericht der Hannoverschen Allgemeinen Zeitung von allen Beteiligten der Demonstration, also auch von Claudia Roth, gut hörbar sein. Vor allem, weil laut NDR-Berichten lediglich 800 bis 1000 Menschen an der Demonstration teilnahmen. Es handelte sich also um einen durchaus überschaubaren Rahmen.

Des weiteren waren in dem, wie gesagt sehr überschaubaren Demonstrationszug, viele "schwarz gekleidete Linksautonome" anwesend gewesen. Auch dies hätte eine Bundespolitikerin eigentlich abschrecken müssen, tat es aber nicht. Neben Frau Roth liefen auch noch einige Politiker der Jusos, sowie der Linken mit. Die Linke-Politiker unter einem Banner mit der Aufschrift "Vaterland war als Kind schon Scheiße".

Man fragt sich nun, aus welchem Grund Linke, Jusos und Grüne gemeinsam mit einer Gruppierung demonstrieren, die neben offenen Gewaltaufrufen und Gewalttaten auch Bilder der Grabsteine von RAF-Terroristen wie Andreas Baader posten.

Auch fragt man sich, wieder einmal, warum hier, wie immer, mit zweierlei Maß gemessen wird. Geht es um links, so ist alles erklärbar, verniedlicht, entschuldbar und gar so schlimm. Geht es um andere als die links-grüne Meinung, dann ist alles gleich ultimativ rechts. Und wie wir alle wissen, rechts ist ja böse.

In einem Pressebericht zu den Geschehnissen in Chemnitz wurde zwar erwähnt, dass die Demonstration mit 5000 Teilnehmern in Chemnitz kein bloßes Happening von Extremisten war, sondern dass es sich um eine "kleine Massenbewegung" handelte.

Damit war dann der objektiven Wahrheit genüge getan, denn sofort im Anschluss hieß es dann, dass von den 5000 Teilnehmern vielleicht noch einige für die Demokratie zu retten seien.

"Vielleicht noch für die Demokratie zu retten" ... diese Worte muss man sich auf der Zunge zergehen lassen. Es handelt sich um Durchschnittsbürger, die einem geregelten Leben nachgehen, die durchschnittliche Freuden, Sorgen und Ängste haben. Es handelt sich um Menschen, die wahrscheinlich auch von ihrem demokratischen Recht zur Stimmabgabe bei Wahlen Gebrauch machen.

Das diese Menschen sich nun bei einer Kundgebung gegen Gewalttaten von Migranten befanden, lässt darauf schließen, dass es sich hier nicht unbedingt um Wähler der Altparteien handelt. Wissend, dass dem wahrscheinlich so ist, schreibt nun also dieses Onlinemagazin, dass diese Menschen "vielleicht noch für die Demokratie zu retten" seien.

Für die Demokratie zu retten, bedeutet also demnach, dass man diese Wähler vielleicht wieder in die Ränge der Altparteien zurückholen kann. Daraus lässt sich weiterhin schlussfolgern, dass der Meinung dieses Magazins zufolge ein Bürger, der der AFD seine Stimme gibt, nicht mehr demokratisch handelt.

Dabei ist genau das der Fall ... die AFD ist eine demokratisch in mehrere Kreis- und Landtage, sowie in den Bundestag gewählte Partei. Sie wurde von den Bürgern in demokratischen Wahlen rechtmäßig gewählt.

Weiterführend schrieb der Verfasser in besagtem Bericht, dass sich diese Menschen nicht "in die rechte Ecke stellen lassen" wollten. Diese Aussagen bezeichnet der Verfasser als Drama. Er fährt fort, dass Medien und Politiker (er nimmt hier offensichtlich Bezug auf die Altparteien) mit immer härteren Ausdrücken Ekel und Empörung über die "braunen Vorfälle" zum Ausdruck bringen, und dass sich dadurch immer mehr Menschen von der Demokratie abwenden.

Das in sich ist wieder lächerlich, dann diese Menschen wenden sich nicht von der Demokratie ab, sondern sie wählen nur keine der Altparteien mehr. Wenn es eine Abwendung von Demokratie ist, wenn man sich von etablierten Parteien abwendet und eine neue Partei wählt, dann ist es mit dem Demokratieverständnis der Journalisten und Altparteien-Politiker in unserem Land nicht weit her.

In der rechten Ecke stehen diese Menschen nicht. Dort werden sie von den Altparteien und den regierungstreuen Medien platziert, weil sie sowohl durch ihre Teilnahme an diesen Demonstrationen, als auch durch ihre Stimmabgabe bei Wahlen verdeutlichen, dass sie kein Vertrauen mehr in die Altparteien haben. Sie haben ihr Vertrauen an die Regierungsparteien, sowie die ihnen angeglichenen Oppositionsparteien (mit Ausnahme der AFD) verloren.

Allzu oft macht man sich auch in den Medien sowie in den Altparteien über die stets in Anführungszeichen beschriebenen "Besorgten Bürger" lustig.

Als es jedoch im September 2018 aufgrund mehrerer Umstände zu außerplanmäßigen Verspätungen und widrigen Umständen an Bord einer Passagiermaschine auf dem Flughafen Paderborn kam, so lautete die Schlagzeile in verschiedenen Magazinen und Zeitungen "Besorgte Passagiere rufen Polizei".

In diesem Fall ist die Verwendung des Wortes "besorgt" durchaus gerechtfertigt, aber wenn es um das Leben in unserem Land geht, um die Sicherheit unserer Kinder, dann darf man nicht besorgt sein. Ist man es trotzdem, so wird der Ausdruck "besorgt" in Anführungszeichen gesetzt, um die betreffenden Menschen so hinzustellen, dass man sie allenfalls belächeln kann.

Die Medien tun jedenfalls ihr bestes, um die AFD und deren Wähler in einem schlechten Licht erscheinen zu lassen. So zum Beispiel bei der Berichterstattung zu den Demonstrationen in Chemnitz, wo eine der Schlagzeilen die AFD und Rechtsradikale direkt nebeneinander aufführte und nebenbei noch angab, dass ein MDR-Reporter eine Treppe herunter gestoßen worden sei.

Diese Art der Berichterstattung, eine demokratisch in den Bundestag und inzwischen in alle Länderparlamente gewählte Partei im gleichen Atemzug mit Radikalen zu nennen, und dann einen Vorfall (den MDR-Reporter) mit zu benennen, der eigentlich nichts gar mit der AFD-Demonstration zu tun hat (das Kamerateam wollte von einer Privatwohnung am Weg aus Filmaufnahmen machen), zwei negative Dinge in einer Schlagzeile.

Und diese Art der Berichterstattung ist nichts Neues. Wieder und wieder werden

Aussagen von AFD-Politikern zerpflückt und aus dem Kontext gerissen, werden Teile einer Aussage oder einer Rede einzeln und ohne die entsprechende tiefere Bedeutung "ins rechte Bild gerückt". Denn genau dort will man die AFD ja haben, rechts. Denn jeder weiß ja, rechts ist böse.

Wenn man sich ansieht, wie die Altparteien-Politiker und die regierungstreuen Medien mit der AFD umgehen, wie über sie berichtet wird, dann ist nur allzu gut verständlich, warum ihr immer mehr Menschen in die Arme laufen.

Die AFD wird verteufelt, wo es nur geht. Ihre Politiker verunglimpft, was sie sagen zerrissen. Je mehr man versucht, die AFD als das ultimative Böse in Deutschland darzustellen, umso mehr Sympathie wird ihr entgegengebracht.

Immer mehr Bürger sehen aufgrund ihres verlorenen Vertrauens, immer wiederholter Durchhalteparolen der Altparteien, des steten "weiter so", und der mangelnden wirklichen Opposition seitens nicht regierender Altparteien nur eine Alternative. In den Augen der Menschen kann es nicht schlimmer werden, als es schon ist, außer wenn die Altparteien weiter regieren.

Das Unverständnis der Altparteien und der regierungstreuen Presse gegenüber den Problemen der Bürger, die Realitätsferne der Politiker, all das trägt dazu bei, dass mehr und mehr Menschen einer Alternative eine Chance geben wollen, es besser zu machen.

Und aufgrund der nur allzu ähnlichen Politik der Altparteien, wo Posten hin und her geschachert werden, nur um an der Macht zu bleiben, ist die einzige Alternative für diese Menschen eben die AFD.

Hinzu kommt, dass bei vielen linientreuen Schafen die Propaganda durchaus wirkt. Diese lassen dann AFD-Versammlungen nicht in ihren Lokalen zu, wollen keine AFD-Politiker oder Stammtische in ihren Gaststätten. Manche gingen sogar schon so weit, dass ein Schild ausgehängt wurde, man bediene keine AFD-Anhänger.

All dies erinnert nur allzu sehr an Aktionen, Aufschriften und Plakate in den 30er Jahren, wo ein bestimmter Teil der Bürger auch in seinen Rechten beschnitten wurde.

Dieser Umstand als solcher ist Teil dessen, was man schon länger beobachten kann. Auch die extreme Linke bedient sich bei ihren Aktionen nur allzu gerne Methoden, wie sie in den 30er Jahren des vergangenen Jahrhunderts schon einmal zu sehen waren.

Dem italienischen Schriftsteller Ignazio Silone wird folgendes Zitat zugesprochen: "Wenn der Faschismus wiederkehrt, wird er nicht sagen 'Ich bin der Faschismus' Nein, er wird sagen 'Ich bin der Antifaschismus'."

Zwar wird oft (meist von links-grünen Schäfchen) behauptet, dass es für dieses Zitat, dass Silone durch Francois Bondy zugeschrieben wird, keine Beweise gäbe. Jedoch war Bondy, der das Zitat in seinem Buch "Pfade der Neugier" verwendete, ein langjähriger Vertrauter und Freund von Silone und sie standen in intensivem Kontakt. Egal, von wem das Zitat nun stammen mag, ob von Silone oder von Bondy, es passt jedenfalls sehr gut in die heutige Zeit.

Johannes Rau sagte am 23. Mai 1999, er wolle nie ein Nationalist sein, aber ein Patriot. Ein Patriot sei einfach jemand, der sein Vaterland liebt. Ein Patriot zu sein ist nichts Schlimmes, es bedeutet lediglich, dass man sein Land liebt und auch dafür einsteht.

Patriotismus hat bei uns in Deutschland jedoch noch immer einen negativen Beigeschmack. Wer von sich selbst behauptet ein Patriot zu sein, der gilt automatisch als rechts, als Nazi, als böse. Wenn selbst Johannes Rau sich als Patriot bezeichnet, warum wird der Durchschnittsbürger dann als rechter bezeichnet, wenn er patriotisch ist?

Warum gilt man als "Rechter", wenn man außerhalb von Fußballereignissen eine deutsche Fahne hisst? Damit wären wir wieder bei der Propaganda, die gleichzeitig die Schuld auf uns lädt. Wir sollen eben nicht patriotisch sein. Patriotismus ist rechts, und rechts ist böse.

Man ist rechts, wenn man nicht der politisch korrekten Meinung, hauptsächlich verbreitet und gestützt durch links-grüne Ideologien, zustimmt. Doch wenn man nur dann akzeptiert, angehört und als Teil der Gesellschaft angesehen wird, wenn man eine bestimmte politische Meinung verfolgt, dann ist unser Staat keine Demokratie mit Meinungsfreiheit, sondern eine Diktatur.

Patriotismus wird allzu oft gleichgesetzt mit Nationalismus und Rassismus. In einer Talkshow sagte die türkischstämmige Bloggerin Tuba Sarica, dass Deutschland ein wunderbares Land sei, in dem sie niemals in ihrem Leben Opfer von Rassismus geworden sei.

Sie sagte, dass in der Debatte um Mezut Özil, der sich aufgrund der Affäre um die Fotos mit dem türkischen Präsidenten Erdogan aus der Nationalmannschaft zurückgezogen hatte, einiges falsch liefe.

Sie sagte, dass sich Özil für einen faschistischen Islamisten begeistere und die Schlussfolgerung daraus sei, dass wir in Deutschland darüber diskutieren, wie rassistisch Deutschland doch sei. Man versuche mit aller Gewalt Deutschland als rassistische, fremdenfeindliche Gesellschaft darzustellen.

Laut Saricas Ausführungen gäbe es in der türkischen Community hingegen sehr wohl Rassismus gegenüber Deutschen, und das diese Form des Rassismus, die von Menschen anderer Nationalitäten gegenüber Deutschen, immer totgeschwiegen werde.

Nach den Ereignissen in Chemnitz äußerte sich Sachsens stellvertretender Ministerpräsident dahin gehend, dass es ein Problem in Sachsen gäbe. Es würde etwas schwelen. Es habe eine jahrelange Verharmlosung von rechten Tendenzen gegeben.

Seit dem 06. Dezember 2016 ist Sawsan Chebli Berliner Staatssekretärin. Nach den Ereignissen in Chemnitz twitterte sie: „Wir sind zu wenig radikal #Chemnitz #NoAfD".

Wie die Welt im September 1998 berichtete, sagte der Grünen-Politiker Özdemir seinerzeit, dass das, was seine Urväter vor den Toren Wiens nicht geschafft hätten, heutzutage mit dem Verstand geschafft werde.

Sieglinde Frieß, die von 1983 bis 1990 Fraktionsmitarbeiterin der Grünen war und seit 2001 Leiterin der Landesbezirksfachbereiche Bund/Länder und Gemeinden von ver.di ist, äußerte sich laut einem Bericht des Spiegels aus 1990 nicht nur dahin gehend, dass man den Begriff "Deutsches Volk" aus dem Grundgesetz streichen solle, sondern sie ging so weit zu sagen, dass es das Beste für Europa wäre, wenn Frankreich bis an die Elbe reicht und Polen direkt an Frankreich grenzt.

Hans-Christian Ströbele, bis 2017 Mitglied des Bundestages für die Grünen sagte in einem Interview mit dem Deutschlandfunk in Bezug auf Deutschlandfahnen bei einer Fußballweltmeisterschaft, er habe schon bei der letzten Weltmeisterschaft deutlich gemacht, dass er sich angesichts des Meers an Deutschen Fahnen nicht wohlfühle. Er könne verstehen, dass Leute sich ärgern, wenn in ihrem Stadtteil, oder in ihrer Straße deutsche Fahnen hingen.

Renate Schmidt, die von 2002 bis 2005 Bundesfamilienministerin war, sagte in einem Interview mit dem Bayerischen Rundfunk in 1987, dass die Frage ob die Deutschen aussterben, für sie eine sei, die an allerletzte Stelle käme, weil ihr dies verhältnismäßig wurscht sei.

Wie die Frankfurter Rundschau im Juli 2016 berichtete, sagte die grüne Kommunalpolitikerin Nargess Eskandari-Grünberg in ihrer Position als Integrationsdezernentin bei einer Fragestunde zu einem geplanten Moscheebau im Stadtteil Hausen einem Bürger, Migration sei in Frankfurt eine Tatsache, und wenn ihm das nicht passe, dann müsse er eben woanders hinziehen.

Auch bei den vorgenannten Beispielen sieht man wieder, welcher Gesinnung unsere Altparteien-Politiker folgen.

Rufen wir uns kurz die Ereignisse in Hamburg ins Gedächtnis zurück. Während des G230-Gipfels kam es in Hamburg zu schweren Ausschreitungen, in denen linksextreme Autos in Geschäfte in Brand steckten, plünderten, Polizeiwachen angriffen und mit roher Gewalt gegen die Polizei vorgingen. Das Fazit des Gewaltexzesses, beinahe 700 verletzte Polizisten und mehr als 12 Millionen Sachschaden.

Vergleicht man nun die beiden Vorfälle, Hamburg und Chemnitz, dann stellt sich die Frage, warum Medien und Politiker bei linker Gewalt relativieren und meist eher die Polizei verurteilen, als die Gewalttäter, während bei rechter Gewalt die Hetz-Maschinerie auf Hochtouren läuft. Vor allem wenn diese, wie bei den Geschehnissen von Chemnitz nicht einmal annähernd die Formen der Krawalle von Hamburg annimmt.

Wenn rechte Gewalttäter beinahe 700 Polizisten (zum Teil schwer) verletzen, und mehr als 12 Millionen Sachschaden anrichten würden, so gäbe es einen in der Art noch nie da gewesenen medialen und politischen Aufschrei.

Wie die Welt im Mai 2018 berichtete, gab es in 2017 in Deutschland 1967 linke Gewalttaten (ein Plus von 15,6 %), im Vergleich zu 1130 rechten (ein Minus von 33,5 %).

Nun sollte man rechte und linke Gewalt nicht gegeneinander aufrechnen. Jedoch muss man sich fragen, warum ob dieser Zahlen seitens der Medien und der Altparteien fast ausnahmslos rechte Taten, Gruppierungen und Menschen verteufelt werden.

Es ist inzwischen ja hinlänglich ersichtlich, dass sich die Altparteien im Grunde alle auf der gleichen links-grünen Straße befinden und dort auf fröhlichem Kuschelkurs miteinander sind.

Linke Gewalt wird seitens der Medien heruntergespielt und verharmlost, und seitens der Altparteien-Politiker zumindest unterschwellig gerechtfertigt. Schließlich wissen wir ja alle, dass rechts böse ist und links nun mal nur gegen rechts kämpft, richtig?

Professor Klaus Schroeder vom Otto-Suhr Institut der Freien Universität Berlin sagte in einem Bericht der Welt, dass er bei einer Podiumsdiskussion zur Prävention von politisch motivierter Gewalt, auf die Aussage, dass linke Gewalttaten häufiger sind als rechte, vehementen Widerspruch erhielt und die anderen Podiumsteilnehmer verständnislos die Köpfe schüttelten.

Linke Gewalt ist bei uns salonfähig geworden. Aus dem Antrieb auch heute noch, 80 Jahre nach der NS-Zeit, für die Dinge, die seiner Zeit geschehen, sind büßen zu müssen, aus den nicht enden wollenden Ermahnungen, wie böse wir Deutschen doch sind.

Mit der Begründung, dass wir der Welt nun mal gesellschaftlich und humanitär etwas schulden, wird linke Gewalt relativiert, werden Grenzen geöffnet, werden Straftaten durch Migranten verharmlost und verschwiegen, werden alle, die nicht ins politisch-korrekte Bild passen verteufelt und in die rechte Ecke gedrängt.

Man stelle sich vor, die USA würden sich noch heute selbst geißeln, für die Schrecken der beinahe vollständigen Ausrottung der Ureinwohner des Landes. Man stelle sich vor, die USA würden sich noch heute selbst geißeln, ob der Schrecken, der Kriegsverbrechen des Vietnamkrieges (und vieler anderer Kriege). Man stelle sich vor, die USA würden sich selbst geißeln, ob der vorproduzierten Angriffskriege.

Man stelle sich vor, Großbritannien würde sich noch heute selbst geißeln, ob ihrer Kolonialpolitik, die Millionen von Menschen das Leben kostete. China in Bozug auf die Millionen von Toten unter Mao. Russland für die Millionen Toten unter Stalin. Und, und, und ...

Wir sind das einzige Land, dass die Selbstgeißelung, die Vererbung der Kollektivschuldmütze, das ewige Buckeln ob Dingen, die vor mehreren Generationen geschehen sind, beinahe perfektioniert hat.

Selbst im Ausland sprechen Historiker, Politiker und Journalisten davon, dass Deutschland sich inzwischen längst auf seine gesamte Geschichte als solches besinnen sollte, auf die vielen positiven Dinge, die unser Land hervorgebracht hat, und dass wir damit aufhören sollten, uns ständig schuldig zu fühlen.

Aber, wie ich bereits in einem anderen Kapitel erwähnte ... Schuld ist eine mächtige Waffe. Sie macht Menschen gefügig. Und eben jene Schuld, die uns immer wieder seitens der Politik und der staatstreuen Medien eingeredet wird, das unentwegte Wiederholen der Schuld der Deutschen, diese Schuld ist der Grund, warum der Großteil der Bevölkerung begeistert und Beifall klatschend dem Untergang des eigenen Landes zusieht.

Hauptsache man ist politisch korrekt, fällt nicht auf und kann nicht als unbequemer rechter Spinner tituliert werden. Die eigene Identität, die Identität unseres Landes, seine Kultur, seine Geschichte, seine Errungenschaften in Physik, Biologie, Kunst, Literatur, Musik und vielen anderen Bereichen, unsere Traditionen, all das ist nichts, verglichen mit der Freude, von der man durchströmt wird, wenn man politisch korrekt ist.

Unser Volk ist zu großen Teilen von einem einst zu recht stolzen Volk zu einer brabbelnden Menge treudoofer Schafe verkommen. Bunt ist gut, die EU ist ein Heilsbringer, alles, was nicht politisch korrekt ist, ist böse, und es lebe der Gesprächskreis.

Nach den Geschehnissen von Chemnitz fordert nun der sächsische Landesverband der CDU ein Verbot von Messern in deutschen Innenstädten. Man erlaube mir mich kurz vom PC zu entfernen, um dem sich anbahnenden Lachanfall im Nebenraum freien Lauf zu lassen.

Ein Verbot von Messern in der Innenstadt ist in etwa so effizient und wirksam, wie die von der Kölner Oberbürgermeisterin für Silvester 2016 angeratene Armlänge Abstand.

Zunächst ist es absolut sinnfrei, Messer in der Innenstadt oder anderen Flächen zu verbieten. Denn die Messer, welche bei den bisherigen Messerattacken der vergangenen Jahre verwendet wurden, würden ohnehin unter das Waffengesetz fallen und das Mitführen derselben wäre somit ohnehin illegal.

Zweitens ergibt sich hier ein ähnliches Problem, wie bei unserem Waffengesetz als solches. Das Verbot eine Schusswaffe zu besitzen und/oder mitzuführen hat noch keinen Kriminellen davon abgehalten, dies dennoch zu tun. Wenn es dennoch einen solchen gibt, so möge er sich bitte bei mir melden.

Kriminelle, die Straftaten begehen, beziehungsweise gewaltbereite Menschen, die Angriffe wie den unlängst in Chemnitz verüben, sind solche Verbote egal. Wer das Gesetz bricht, indem er einen anderen Menschen tötet, dem ist es egal, ob er dies mit einem Messer tut, dass er illegaler weise dabei hat.

Sind unsere Politiker wirklich so verblendet, naiv, desinteressiert und realitätsfern, dass sie glauben, dass ein Mensch, der ohne zu zögern einen anderen tötet, sich darüber Gedanken macht, ob das Messer, das er mitführt, legal oder illegal ist?

Strengere Waffengesetze verhindern keine Verbrechen. Sie halten nur die Bürger davon ab, sich schützen zu können.

Und bevor nun jemand die viel beschworenen amerikanischen Verhältnisse anspricht ... dem sei der Vergleich zu Österreich und der Schweiz nahegelegt. In Österreich ist es vergleichsweise einfach, Waffen zu kaufen und zu besitzen.

Österreich hat prozentual auf die Bevölkerung eine beinahe gleiche Waffen-Dichte, wie die USA. Jedoch gibt es in Österreich keine nennenswerten mit Waffen verübten Verbrechen, wie in den USA. In der Schweiz erhält jeder ehemalige Soldat seine Waffe mit nach Hause. Auch dort herrschen keine "amerikanischen Verhältnisse".

Man kann selbst unser Land als Beispiel heranziehen. Seit der Verschärfung des Waffengesetzes gibt es in Deutschland laut BKA-Schätzung ca. 4 Millionen nicht registrierte Schusswaffen. Diese reichen von Waffen, die bei der Verschärfung Anfang der 70er Jahre nicht abgegeben, beziehungsweise registriert wurden, bis hin zu Waffen, die beim Abzug der russischen Truppen aus eben jenen russischen Beständen "verschwanden". Und dennoch ist die Zahl der mit Schusswaffen verübten Gewaltverbrechen bei uns verschwindend gering.

Den Bürgern eines Landes die Möglichkeit zur effektiven Selbstverteidigung zu nehmen, verhindert keine Verbrechen. Es begünstigt lediglich die Verbrecher, indem es ihren Beruf gefahrloser macht.

Wie also stellen sich unsere Politiker sicherere Innenstädte vor? Nun zum einen sollen die betreffenden Täter ermittelt und strafrechtlich verfolgt werden. Wenn es nicht so traurig wäre, müsste ich schon wieder lachen. Diese Vorgehensweise sollte in einem Rechtsstaat eine Selbstverständlichkeit sein, die keiner besonderen Nennung bedarf.

Weiterhin soll es auf öffentlichen Plätzen mehr Videoüberwachung geben. Nun würde ich gerne wissen, wie das Verbrechen verhindern soll. Videoüberwachung ist kein Präventivmittel, sondern lediglich ein Hilfsmittel, dass die zuvor genannte Ermittlung etwas einfacher macht.

Eines der universellsten Menschenrechte, ist das Recht auf körperliche Unversehrtheit, auf die eigene Gesundheit und das eigene Leben. Im Notwehrparagraf des StGB (§ 32, Abschnitt2) heißt es, dass wir jedes uns zur Verfügung stehende Mittel anwenden dürfen, um uns in einer Notwehrsituation zu verteidigen. Weiterhin ist jedes Rechtsgut notwehrfähig. Das bedeutet also, dass nicht nur Gesundheit und Leben, sondern auch Besitz, Freiheit etc mit Notwehr verteidigt werden dürfen.

Doch wie soll der Durchschnittsbürger dies tun? Mit Händen, Füßen, einer Armlänge Abstand? Mit Blumen oder Kaugummis werfen, die in der Innenstadt gepflanzt sind, beziehungsweise herumliegen? Sollen wir mit einer Trillerpfeife trillern, und hoffen, dass der Ton den Ohren des Angreifers so missfällt, dass er von uns ablässt?

Oft gezeigte Mittel wie ein Kubotan (eine Art Hand-großer Stab, der die Kraft eines Schlages auf einen Punkt konzentriert) oder Tränengas sind mehr als fragwürdig. Tränengas kann je nach Windrichtung und Zustand des Angreifers sehr unwirksam sein und eine Nahkampfwaffe wie ein Kubotan benötigt langes, intensives Training, damit man ihn "wie im Schlaf beherrscht" und auch im Ernstfall einsetzen kann.

Verschärfte Waffengesetze führen zwangsläufig dazu, dass nur noch diejenigen bewaffnet sind (mit Ausnahme der Polizei und der Streitkräfte), denen die Gesetze egal sind. Somit wird ein Ungleichgewicht geschaffen, das den Durchschnittsbürger benachteiligt und schutzlos zurücklässt.

Es gibt zwei Dinge, die unsere Straßen sicherer machen würden. Zum einen muss man den Bürgern die Möglichkeit geben, sich selbst zu schützen. Unbescholtenen Bürgern muss die Möglichkeit gegeben werden, sich selbst und ihre Familien effektiv schützen zu können.

Zweites Standbein wäre mehr Polizeipräsenz. Die Polizei hat in den vergangenen Jahren mehr und mehr die Rolle des Prügelknaben annehmen müssen. Greift sie nicht durch, wird sie dafür kritisiert. Greift sie durch, so sind links-grüne Altparteien-Politiker sofort zur Stelle die Polizei zu kritisieren. Die Polizei kann diesen Kampf gegen ihre Dienstherren nicht gewinnen. Sie wird immer und für alles kritisiert.

Die Aufgabe der Polizei ist es, die Bürger dieses Landes zu schützen. Inzwischen ist die Polizei aber zu einer Institution verkommen und kaputt gespart worden, die sich nur noch darum kümmern kann, nach erfolgten Straftaten aufzuräumen und zu versuchen die Täter dingfest zu machen.

Die Polizei kann die Bürger dieses Landes nicht mehr effektiv schützen. Jahrelange Sparpolitik, sowie schlechte Rahmenbedingungen haben dies zunichtegemacht. Zusammen mit der besagten "Verteufelung" der Polizei trägt dies dazu bei, dass sich die Polizei in der misslichen Lage befindet, in der sie nun ist.

Wenn man die auferlegte Untätigkeit der Polizei mit der in Deutschland präsenten Kuscheljustiz kombiniert, muss man sich nicht wundern, wenn unser Staat, sowie seine Gesetze von "neu hinzu gekommenen" nicht akzeptiert und/oder respektierte, werden.

Wenn man sich ansieht, was in der Silvesternacht 2015 in Köln und anderen Städten geschehen ist, liegt der Vergleich mit den Geschehnissen einige Wochen später in Murmansk, wo ebenfalls Frauen durch arabische Männer belästigt wurden, nahe.

In Murmansk wurden die Täter von einer Schar russischer Männer verprügelt und mussten schließlich das weite suchen. Man wartete nicht darauf, dass irgendwann die Polizei in ausreichender Stärke auftaucht, um sich der Situation anzunehmen. Man handelte. Die Botschaft, die an die Angreifer gesendet wurde, war die gleiche ... benehmt Ihr Euch nicht so, wie unsere Gesetze es erwarten, achtet Ihr unsere Gesetze nicht, vergeht Ihr Euch an vermeintlich schwächeren, dann müsst Ihr mit den Folgen leben.

Nun mag das zwar nach Lynchjustiz klingen, auch wenn niemand getötet wurde. Aber der Unterschied ist einfach. Bei uns bildet der links-grün indoktrinierte, politisch korrekte, junge, deutsche Mann lieber einen Gesprächskreis, um herauszufinden, was unsere Frauen anders machen könnten, um die armen Männer nicht zu provozieren. In Russland haben russische Männer dafür gesorgt, dass russische Frauen nicht Opfer von sexuellen Übergriffen wurden. Welches der beiden Mittel ist effektiver? Welches der beiden Mittel wird von Männern, die in einer patriarchalischen Gesellschaft aufgewachsen sind, in der der Stärkere recht hat, wohl eher verstanden?

Dies ist kein Aufruf zur Gewalt, nur zum Nachdenken. Haben Juri und Oleg mit ihrem Handgemenge mehr erreicht, oder würden Torben oder Malte mit ihrem Diskussions-Stuhlkreis mehr erreichen?

Auch wenn es nicht so klingen mag ... ich verabscheue Gewalt. Wenn allerdings ein Staat seine Bürger nicht mehr schützen kann oder will, welche Wahl hat dann der Durchschnittsbürger? Selbstjustiz ist das Gesetz des Stärkeren, das kann nicht richtig sein.

Daher muss der Staat dafür sorgen, dass die Bürger unseres Landes sicher sind, sich sicher fühlen können, und ihnen auch die Mittel geben, um sich in allergrößter Not selbst zu verteidigen. Das ist keine Selbstjustiz, sondern es gibt dem Bürger die geeigneten Mittel, sich selbst, sein Leben, seine Gesundheit und seine Familie in Sicherheit zu wissen, bis die betreffenden Ordnungskräfte eingetroffen sind.

Wenn man an die Ereignisse der Silvesternacht 2015 zurückdenkt, so muss man sich vor Augen führen, dass es sich hier um Straftaten handelte. Es ging nicht um ein paar plumpe Anmach-Sprüche, sondern um vehemente sexuelle Belästigung, Eingriffe in die persönliche Freiheit, versuchte Vergewaltigungen und so weiter. Das sind bei Weitem keine Kavaliersdelikte.

Und wieder versuchten unsere Politiker, wie bei jedem Übergriff durch unsere "neu hier lebenden" zu relativieren. Es handelte sich nicht um Männer, die sich ausgegrenzt fühlen. Es geht diesen Männern, so sie denn wirklich Flüchtlinge sind, besser, als in den Ländern aus denen sie "geflohen" sind.

Und man darf nicht vergessen ... hätten sich diese Männer in ihren Heimatländern so verhalten, so wären sie von einem wütenden Mob gelyncht worden. Sie nehmen unseren Staat, unsere Gesetze und unsere Polizei einfach nicht ernst.

Professor Baberowski von der Humbold-Universität Berlin sagte in einem Interview, dass die meisten dieser Täter Verlierer sind und sich auch bewusst sind, dass sie

Verlierer bleiben werden. Wenn sie dann Gewalt anwenden, die Frauen anderer Männer erniedrigen, dann gibt ihnen das Macht und das "gute Gefühl", dann für einen Moment mächtig und groß zu sein.

Unsere Altparteien haben keine Antwort auf die Probleme, die Ängste und Sorgen der Bürger. Sie regieren quasi aus einem Elfenbeinturm heraus, in dem sie weit vom wirklichen Volk, vom Durchschnittsbürger entfernt sind, wie es nur geht.

Bürger die demonstrieren, werden gewohnheitsgemäß als rechter Mob tituliert. Was Sachsen und Chemnitz angeht, so sprechen die "Experten" der Regierung beziehungsweise der Altparteien von einer sehr gut ausgeprägten und ausgebildeten rechten Szene, die selbst bis in die Strafverfolgungsorgane reicht.

Diese "Expertenmeinung" passt natürlich wieder wunderbar in die mediale Hetze gegen jeden, der es wagt eine Meinung zu haben, die nicht mit der links-grünen, politisch korrekten Meinung übereinstimmt.

Sachsen gilt inzwischen für unsere Altparteien quasi als das Herzstück der Rechtsradikalen. Die Entwicklung ist aber im gesamten Bundesgebiet die gleiche. Es gibt immer mehr Menschen, die Angst haben, die nach Jahren der besänftigenden Sprüche endlich Taten sehen wollen.

Die Altparteien müssen endlich dazu übergehen, die Bürger dieses Landes nicht als Schafe anzusehen, die alle vier Jahre darüber entscheiden, wer im Bundestag ist, und auf welche Art sich die Regierung denn zusammensetzen kann.

Der AFD wird immer wieder vorgehalten, dass sie keine Lösungen für die Probleme des Landes hat oder auch nur sucht, sondern dass sie sie lediglich instrumentalisiert, um mehr Stimmen zu gewinnen. Was die AFD jedoch tut, ist das, was eine Oppositionspartei nun einmal tun sollte.

Sie weist die Missstände in unserem Lande auf und drängt darauf, eben jene Missstände zu beseitigen. Das ist die Aufgabe der Opposition.

Die Altparteien werfen der AFD vor, rechtspopulistisch zu sein, und den AFD-Wählern werfen sie vor, rechts zu sein. So wird immer wieder von der politischen Mitte der Bevölkerung gesprochen, die nach rechts gerutscht sei.

Dem ist jedoch nicht so. Nicht die Wähler sind nach rechts gerutscht, sondern die Altparteien haben einen kollektiven Links-Rutsch vollzogen. Die bürgerliche Mitte befindet sich noch immer in der Mitte, nur von der neuen Perspektive der Altparteien aus, hat es für sie den Anschein, als sei dem nicht so.

Es kann durchaus Rechte oder rechte Sympathisanten in der AFD geben, aber die gab und gibt es auch in anderen Parteien.

Genauso wie es auch in anderen Parteien linke oder linke Sympathisanten gibt. Beide sind gleichwohl harmlos.

Alle Altparteien hatten wirkliche Rechte in ihren Rängen. Die Liste der ehemaligen NSDAP-Mitglieder in den Rängen der Altparteien ist sehr lang, und reicht von Kommunal- und Landespolitikern bis hin zu Bundestagsabgeordneten, Ministern und Europaabgeordneten.

Und das nicht nur in den ersten ein oder zwei Legislaturperioden nach Kriegsende, sondern bis in die 90er Jahre hinein. Eine entsprechende Liste wurde 2011 auf Anfrage der Linken veröffentlicht.

Laut dem ehemaligen Außenminister Gabriel sind mit der AFD erstmals "echte Nazis" im Bundestag. Was er dabei jedoch vergisst, ist die Tatsache, dass die AFD die erste im Bundestag vertretene Partei ist, die in ihren Reihen keinerlei Altnazis hat, wie es bei den Altparteien der Fall war. Aber man kann Herrn Gabriel diesen Fauxpas nachsehen.

War er es doch, der seinerzeit bei Kundgebungen gegen die Migrationspolitik der Regierung den Mittelfinger in Richtung der Teilnehmer streckte und sagte, man müsste dieses Pack einsperren.

Das Niveau unserer Altparteien-Politiker ist mit sehr wenigen Ausnahmen inzwischen so niedrig, dass es selbst auf Stelzen noch bequem unter einem Teppich daher laufen könnte.

Nun erzählen uns neben dem früheren Außenminister Gabriel (SPD) vor allem die Grünen, dass es keineswegs Trümmerfrauen und Kriegsheimkehrer gewesen seien, die unser Land wieder aufgebaut hätten, sondern die Türken. Wie frech, wie frech ... hätte doch die 50 Pfennig Münze einen Türken bei der Arbeit zeigen müssen, nicht eine Trümmerfrau.

Wenn man sich die 50 Pfennig Münze anschaut, so sieht man eine junge Frau, die einen Eichensetzling pflanzt. Der Entwurf für die Münze stammt von Richard Werner, einem Bildhauer. Dieser hatte an einer Ausschreibung teilgenommen, bei der es darum ging ein Motiv zu finden, das den Wiederaufbau nach dem Krieg symbolisiert.

Werner veränderte daraufhin eine bereits vorhandene Zeichnung seiner Frau ein wenig und reichte sie bei der Ausschreibung ein. Der Entwurf wurde sofort einstimmig angenommen. Nach Werners eigener Aussage wollte er mit dem Entwurf die unzähligen Trümmerfrauen, sowie die Vielzahl von Kulturfrauen (Frauen, die bei der Wiederaufforstung Deutschland tätig waren) ehren. Hätte doch Herr Werner nur gewusst, dass es gar nicht die Trümmer- und Kulturfrauen waren, sondern Türken.

Am 20.07.2017 gab der damalige Außenminister Gabriel eine Pressekonferenz, bei der es hauptsächlich um in der Türkei inhaftierte ging. Im Laufe seiner Rede gab er dann auch diese Zeilen von sich "Diese Menschen aus der Türkei, ihre Eltern - türkisch stammend - sind für unser Land ungeheuer wichtig. Sie haben das Land aufgebaut."

Abgesehen davon, dass man sich über den Beitrag der in Deutschland lebenden Türken zu unserer Kultur streiten kann, ist die vorangehende Behauptung eine Frechheit. Sie ist ein Schlag ins Gesicht all jener Frauen und Männer, die unser Land wirklich wieder aufgebaut haben. Ein Tritt in die Magengegend all jener, die nach dem Krieg damit begannen, den Schutt wegzuräumen, Häuser und Fabriken wieder aufzubauen, Städte wieder bewohnbar zu machen, und die dies unermüdlich taten.

Nun kann man natürlich behaupten, dass dies nicht die Deutschen selbst waren, sondern Gastarbeiter, wie man sie damals nannte. Schauen wir doch einfach mal in die 50er und 60er Jahre zurück.

Das erste Anwerbeabkommen wurde nicht mit der Türkei, sondern mit Italien geschlossen. Dies geschah am 20. Dezember 1955. Seit 1953 hatte Italien versucht, die deutsche Regierung davon überzeugen, ein solches Abkommen zu unterzeichnen. Durch ein solches Abkommen wollte die italienische Regierung das Handelsbilanzdefizit gegenüber Deutschland durch Überschüsse in der Übertragungsbilanz ausgleichen. Italien wollte also quasi die Leistungsbilanz (also alle Ausgaben, Einnahmen, Exporte, Importe und Dienstleistungen einer Volkswirtschaft) gegenüber Deutschland ausgleichen.

Im Jahre 1955 wurde besagtes Abkommen dann schließlich geschlossen. Deutschland war nach Belgien, Frankreich, der Schweiz, Großbritannien, Luxemburg, den Niederlanden und der Tschechoslowakei das letzte Land, mit dem Italien ein solches Abkommen traf.

Für Deutschland hingegen war es das erste Abkommen dieser Art.

Von 1955 bis 1968 trafen die deutschen Regierungen ähnliche Abkommen auch mit anderen Ländern, wie Spanien und Griechenland (beide in 1960), der Türkei und anderen.

Das Abkommen mit der Türkei wurde am 30. Oktober 1961 unterzeichnet. Zuvor gab es bereits circa 2500 türkische Gastarbeiter in Deutschland, die aus eigener Initiative nach Deutschland gekommen waren.

Vor der Unterzeichnung des Abkommens äußerten sich Arbeitsminister Blank (CDU), sowie Anton Sabel, Präsident der Bundesanstalt für Arbeitsvermittlung kritisch bezüglich des Abkommens. Es bestünde keinerlei Bedarf für weitere Abkommen dieser Art, habe man doch bereits durch die Abkommen mit Spanien, Griechenland und Italien einen ausreichenden Zuzug an Arbeitskräften aus anderen Ländern.

Zu diesem Zeitpunkt hatte das Wirtschaftswunder bereits begonnen. Der Begriff wurde 1955 geprägt. Das Jahr in dem sowohl die Wirtschaft als auch die Reallöhne um jeweils rund zehn Prozent stiegen. Die Investitionen in der Bundesrepublik stiegen in den Jahren von 1950 bis 1960 um 120 Prozent, das Bruttosozialprodukt um 80 Prozent. Die Automobilindustrie verfünffachte ihre Produktion im gleichen Zeitraum.

Die deutsche Wirtschaft war imstande gewesen, nicht nur zwei Millionen Arbeitslose, sondern auch mehr als 2 Millionen Menschen, die vor der letztendlichen Schließung der innerdeutschen Grenze aus der DDR flüchteten, Arbeit zu geben. Es herrschte beinahe Vollbeschäftigung. Lediglich aufgrund der Tatsache, dass die deutsche Infrastruktur und Wirtschaft bereits wieder aufgebaut waren, war man überhaupt imstande ausländische Arbeitskräfte zu beschäftigen.

Warum also dennoch das Abkommen mit der Türkei? Einfach!

Die Türkei hatte innenpolitisch ein großes Problem dadurch, dass das Bevölkerungswachstum das Wirtschaftswachstum bei Weitem überstieg. Die Arbeitslosenquoten waren dementsprechend hoch. Man hatte großes Interesse daran, einen Teil der ständig wachsenden Bevölkerung ins Ausland zu schicken. Daher drängte die türkische Regierung auf ein eben solches Abkommen mit Deutschland.

Weiterhin galt die Türkei in der damaligen Zeit als wichtiges und zuverlässiges Mitglied der NATO, lag sie doch an der Südostflanke der damaligen Sowjetunion. Eine Absage gegen ein solches Abkommen hätte man in der Türkei als Affront aufgefasst, und es hätte eventuell zu Unstimmigkeiten zwischen den Bündnispartnern führen können.

Der zeitliche Ablauf passt schon einmal nicht so ganz in das Bild, das Herr Gabriel und die Grünen von der Geschichte unseres Landes zeichnen wollen. Kamen die ersten türkischen Gastarbeiter doch erst in den 60er Jahren nach Deutschland, also mehr als 15 Jahre nach Kriegsende.

Weiterhin berichtete der Stern in einem Artikel von Martin Motzkau darüber, dass italienische Gastarbeiter bis in die 70er Jahre hinein die größte Einwanderergruppe darstellten. Also selbst rund 30 Jahre nach Kriegsende waren türkische Gastarbeiter nicht die zahlreichste Gruppe.

Nun würde ich gerne wissen, warum Herr Gabriel, die Grünen und manch anderer deutscher Politiker behauptet, es seien Türken gewesen, die unser Land nach dem Krieg wieder aufgebaut hätten.

Wenn diese Behauptung überhaupt einer anderen Volksgruppe als den Deutschen zugesprochen werden sollte, wenn man sich wirklich so weit aus dem Fenster lehnen will, zu behaupten es hätte keine Trümmerfrauen, keinen Wiederaufbau durch unsere eigene Bevölkerung gegeben, dass unsere Bevölkerung quasi faul auf der Couch saß, während ausländische Arbeitnehmer unser Land wieder aufbauten, dann steht dieses Lob den Italienern zu.

Aber unsere Parteien und Politiker hofieren in den vergangenen Jahren alles und jeden, was türkisch und/oder muslimisch ist.

Dabei sind es gerade viele türkischstämmige Menschen, die sich weigern sich zu integrieren, die ihre alten Gebräuche und Sitten auch bei uns ausleben wollen, die sich oft weigern unsere Gesetze zu respektieren.

In dem zuvor erwähnten, von Martin Motzkau geschriebenen Bericht des Stern schreibt er auch, dass die Zahl der Menschen mit niedrigem oder gänzlich ohne

Schulabschluss in allen Ausländergruppen (ja, er schreibt das auch so im Bericht) unter Türken am höchsten sei.

Warum geben sich unsere Politiker nun solche Mühe alles Türkische und die Türkei betreffende zu hofieren und schön zu reden?

Warum geht man nicht näher auf Dinge wie Ehrenmorde, Zwangsehen, kriminelle Gruppierungen, radikale Islamisten, schlechte Schulbildung und vor allem mangelnde Integrationsbereitschaft ein? Warum arbeitet man nicht daran, oder setzt zumindest klare Verhaltensregeln?

Panorama zeigte den Bericht einer türkischstämmigen Frau aus Neukölln. In dem Bericht werden Schulen gezeigt, in denen deutsche Kinder von den zahlenmäßig überlegenen ausländisch stämmigen Kindern täglich gemobbt, und belästigt werden.

Die Betroffenen erzählen, dass sie gemobbt, beleidigt und belästigt werden, weil sie Deutsche deutscher Abstammung sind. Mädchen, die sich frei bewegen und/oder auch einen Freund haben dürfen, werden von den meist türkischstämmigen Kindern und Jugendlichen als Schlampen bezeichnet.

Gefragt nach der Diskriminierung gegen deutschstämmige Schüler, erzählt der Direktor, als er 1971 anfing zu unterrichten, da bestand seine Klasse aus 36 Schülerinnen und Schülern, unter denen sich zwei Griechen und zwei Türken befanden.

Heutzutage gäbe es Klassen, in denen nur Schüler ausländischer Herkunft seien. In den anderen Klassen seien deutsche Schüler in der Minderheit.

Nach dem Schulleben der deutschstämmigen Schüler(innen) gefragt, berichtet er, dass die deutschstämmigen Schüler einen schweren Alltag hätten. Sie wären jedoch geschickt im "Abtauchen und sich Anpassen", damit sie keine Konfrontation erleben.

Die Reporterin selbst erzählt, dass es auch in ihrer Kindheit Konflikte gegeben hätte, aber es hätte keine Gettobildung gegeben. Sie sagt, dass sie das, was sie an der Schule nun erlebt habe schockierend findet, und dass sich die Trennung zwischen deutschstämmigen und Menschen mit ausländischer Herkunft verschärft habe. Die Politik habe in den vergangenen Jahren die Augen vor den Problemen verschlossen.

Die von ihr in der Schule gemachten Aufnahmen zeigt sie dem Berliner Beauftragten für Integration. Der in Berlin Verantwortliche für die Integration ausländischer

Menschen ... Integration in unsere Kultur, nicht anders herum. Der sagt dazu lediglich, dass Schüler schon immer gemobbt wurde, vor allem Minderheiten. Und das seien hier nun halt mal Deutsche.

Die Journalistin fragt den Integrationsbeauftragten (sinngemäß): "Würden Sie Ihr eigenes Kind auf diese Schule schicken?"

"Keine Ahnung, ich habe keine Kinder. Ich wohne in einem Haus, in dem junge Familien..."

"Stellen Sie sich doch einfach vor, sie hätten eins."

"Nein. Ich wohne in Kreuzberg, in einem Haus, in dem junge Familien wohnen. Wenn die Kinder sechs Jahre alt werden, dann fragen sich die Eltern, hier bleiben, oder umziehen. Das ist völlig normal."

Im Verlauf der Dreharbeiten spricht sie auch mit einem Jungen, der in der Schule von einem Mob anderer, ausnahmslos ausländisch-stämmiger Schüler gejagt worden sei. Der Junge sagt aus, er sei am Anfang gefragt worden, ob er Deutscher sei, er würde aussehen wie ein Deutscher. Als er sagte er sei Deutscher wurde er weiter gefragt, wie er zu Gott stehe. Als er sagte, er glaube nicht an Gott, begannen die anderen ihn zu jagen. Sie versuchten ihn zu fangen und zu schlagen. Dabei seien dann auch Mitschüler aus erheblichen älteren Jahrgängen beteiligt gewesen, die von den jüngeren dazu aufgestachelt worden seien.

Seine Mitschülerin, in deren Elternhaus das Treffen stattfand, erzählte weiter davon dass auch sie oft wegen ihrer deutschen Herkunft ausgelacht, gemobbt und beschimpf werde. Sie sagte, die anderen Schüler hätten etwas dagegen, dass sie Christin sei und deswegen gehöre sie nicht dorthin.

Als die Journalistin einen Gesprächstermin mit den Lehrern der Schüler vereinbart sagen diese zunächst zu, erscheinen dann jedoch nicht.

Die Begründung ... Man wolle sich nicht dazu äußern, denn das Thema könnt Fremdenhass schüren.

Die Mutter eines der Schüler, die eingangs im Bericht gezeigt wurden, sagt, dass si gebürtig aus Neukölln sei, und wegzuziehen, damit ihr Sohn in der Schule nicht solch Probleme habe, sei wie eine Flucht. Der Sohn dazu: "Da hilft auch nur noch Flucht. D kann man nur noch umziehen."

Bereits in einer Reportage der RBB-Abendschau vom 05. Oktober 2010 wurde über das Problem der Diskriminierung von deutschen Schülern durch ausländische Schüler berichtet. Selbst die Lehrergewerkschaft GEW hatte in dem besagten Jahr bereits eine Tagung zum Thema der Deutschenfeindlichkeit an deutschen Schulen. Es ging dabei um Rassismus ... nicht etwa von Deutschen gegen Ausländer, sondern von muslimischen Schülern gegen Lehrer und deutsche Mitschüler.

Die Diskussion begann nach einem Bericht in der Gewerkschaftszeitung ein Jahr zuvor, in dem zwei Lehrer schrieben, dass es immer wieder zu Vorfällen gegen deutsche Schüler komme, dass viele deutsche Schüler sich als abgelehnte, provozierte Minderheit sehen, und Beschimpfungen, Konflikte und Mobbing an der Tagesordnung seien.

Interessant ist, dass in der Reportage selbst der damalige Fraktionsvorsitzende der CDU im Berliner Senat sich darüber aufregte, dass deutsche Lehrerinnen als Nutten und deutsche Schüler als Schweinefleischfresser und Schlampen bezeichnet würden. Das wäre nicht hinnehmbar und er forderte, dass diese Form von Intoleranz nicht geduldet werden könne. Interessant deshalb, weil die CDU heutzutage ganz andere Töne anschlägt.

Die damalige Schulstadträtin für Friedrichshain-Kreuzberg, Mitglied der Grünen fand die Diskussion überzogen. Sie sagte aus, dies habe alles nichts mit Rassismus gegen Deutsche zu tun, sondern sei lediglich eine ganz normale Situation von Mehrheiten und Minderheiten in Klassen.

In einem Interview sagte der damalige stellvertretende Vorsitzende der GEW, er selbst habe schon solche Fälle erlebt. Auf die direkte Frage, ob es diese Probleme lediglich mit muslimischen Schülern gäbe, oder auch mit Schülern anderer Gruppen, wie Vietnamesen,

Russlanddeutschen oder dergleichen, gab er an, dass es mit den anderen genannten Gruppen keine Probleme dieser Art gäbe.

In einer Beckmann-Sendung vom Dezember 2010 relativierte der damals amtierende Neuköllner Bezirksbürgermeister Buschkovsky das Problem. Es handele sich lediglich um Jugendliche, die nun mal so seien, wenn sie ihre Dominanz austesten und ausleben.

Auf die Frage, wie es denn im Norden Neuköllns, wo der Migrantenanteil um die 50 Prozent liege aussehe, ob es dort mehr Diskriminierung und Rassismus gegen Deutsche gäbe, antwortete er mit einem lächelnden "Natürlich". Man habe dort andere Besitzansprüche und es sei doch klar. Man habe natürlich keine Deutschenfeindlichkeit in den Bereichen, in denen sich die Deutschen anpassen.

Die damalige Familienministerin Schröder sagte, dass diese Jugendlichen in den Elternhäusern vermittelt bekämen, dass sie aufgrund ihrer Religion und ihrer Kultur besser seien, als die Deutschen.

Noch vor einigen Jahren ...

Horst Seehofer meinte, dass die Union, für die deutsche Leitkultur und gegen Multi-Kulti eintrete. Multi-Kulti sei tot.

Angela Merkel sagte, natürlich sei ein Ansatz da gewesen, zu sagen, man mache mal Multi-Kulti, lebe miteinander und freue sich über den anderen. Dieser Ansatz jedoch sei gescheitert. Absolut gescheitert, betonte sie sogar.

Und noch einmal Angela Merkel, die dereinst von sich gab, dass man von den türkischstämmigen, die schon lange in Deutschland leben, erwarte, dass sie ein hohes Maß an Loyalität zu Deutschland haben.

Das liest sich doch sehr schön. Was ist denn nur aus diesen Meinungen geworden? Sie wurden wahrscheinlich zusammen mit den geltenden Bestimmungen über Einwanderung, Asylrecht und Grenzverkehr vergessen.

In der Reportage "Kampf im Klassenzimmer" von Nicola Graef und Güner Balc wurde an einer Schule in Essen Karnap gedreht.

Der traditionelle Islam prägt das Schulbild. Auf dem Schulhof, als auch in Klassenbereich.

Brigitta H. 07 ist seit Jahren Lehrerin. Als sie anfing zu unterrichten, so sagt sie träumte sie von einer Gemeinschaft. Damals waren türkische und deutsche Kinde Freunde. Es kam nicht vor, dass sich ein muslimischer Vater weigerte, ihr die Hand z geben, oder mit ihr zu sprechen, weil sie eine Frau ist.

Drei Mädchen berichten, dass sie belästigt werden, wenn eine von ihnen besser Leistungen erzielt, als ein ausländisches Kind. Es gäbe keine Akzeptanz fü

Fähigkeiten, dann würden die Ausländer brutal. Beschimpfungen als Nazi seien an der Tagesordnung.

Sebastian, ein anderer Schüler dieser Schule, ist schon oft verprügelt worden. Einmal gingen muslimische Mitschüler mit Stühlen auf ihn los und verprügelten ihn damit. Er hat aufgegeben zu versuchen auf andere zuzugehen. Seine Mutter sagt aus, dass bei Prügeleien meist deutsche Kinder in der Unterzahl gegen mehrere Ausländer stünden.

Sie sagte, sie habe versucht mit den Eltern einiger der betreffenden Kinder Kontakt aufzunehmen, aber das blieb erfolglos, weil sie kein Deutsch sprachen. Die Lehrer haben ihr Bestes versucht, die betreffenden Eltern zu einem gemeinsamen Gespräch mit den Eltern der Opfer der Übergriffe einzuladen, aber die Eltern der Täter seien nicht erschienen.

Rafik S. aus dem Libanon ist ebenfalls Lehrer an der Schule. Er fühlt sich in Deutschland wohl, aber seine Schüler seien gegen Deutsche, aber er spreche oft mit seinen Schülern über das Thema. Seine Schüler hätten die Meinung, dass die Deutschen scheiße sind. Er halte dann immer dagegen und würde versuchen den Kindern begreiflich zu machen, dass sie in Deutschland seien und hier alles von den Leuten bekommen würden.

Rafik S. führte weiterhin aus, die muslimischen Kinder hätten keine Zukunft, denn es gäbe keinerlei Interesse am Schulabschluss. Sie hätten überhaupt keine Ambitionen.

Roswitha T. die Direktorin sagt aus, dass verärgerte Eltern sie kontaktiert hätten, der Arabischlehrer solle seinen Unterricht machen, und nicht versuchen die Schüler zu bekehren.

Eine andere Schülerin, Anastasia sagt, wenn man gemobbt werde, dann müsse man ruhig bleiben. Wenn man etwas sagen würde, widerspreche, dann stünde man sofort 10 Leuten gegenüber.

Die eingangs gezeigte Britta H. sagt, sie habe das Gefühl, dass sich die ausländischen Familien absolut keine Gedanken darüber machen, wie wir leben. Über unsere Kultur. Sie haben ihre Vorurteile gegen uns. Deutsche seien schlecht. Deutsche Frauen seien Schlampen. Dabei kenne keiner von ihnen auch nur einen einzigen Deutschen persönlich.

Abschließend meint sie, wir müssten offener über die Probleme reden. Wir würden nur Schönrederei hören. Das sei alles nicht schlimm, die Leute seien integriert. Wir müssten endlich sagen, dass das nicht so ist, und wo die Probleme seien.

Die Reportage zeigt deutlich, dass es gravierende Probleme gibt. Nicht nur bei neu zugereisten Migranten, sondern auch bei Jugendlichen, die bereits hier geboren wurden, sich aber genauso wenig integrieren, wie ihre Familien. Was sind nun aber die Probleme dabei?

Warum lässt sich ausgerechnet diese Gruppe nicht integrieren, sondern weigert sich vehement, dies zu tun?

Um sich in eine Kultur zu integrieren, muss man drei Voraussetzungen erfüllen. Mann muss dazu in der Lage sein, sich zu integrieren, man muss die familiären Voraussetzungen dafür haben, und man muss es wollen.

Je mehr wir es unseren Migranten, sowie den hier geborenen jugendlichen Menschen nicht-deutscher Abstammung einfach machen, versorgt zu sein, ohne dass man etwas dafür tun muss, umso geringer wird die Bereitschaft sich zu integrieren sein.

Für Haus beziehungsweise Wohnung, Verpflegung und Kleidung ist gesorgt. Eine Erstausstattung an Möbeln wird auch geliefert. Und für alles, dass nicht beinhaltet ist, gibt es eine Vielzahl an spendewilligen Gutschafen, die nur allzu glücklich sind, diverse Dinge zu sponsern.

Warum sich also integrieren, wenn einem hier quasi die gebratenen Tauben in den Mund fliegen, ohne dass man irgendetwas dafür tun muss? Unser System ist dafür ausgelegt, dass diesen Menschen vom ersten Tag an vermittelt wird, Ihr braucht Euch nicht zu integrieren, wir sorgen so oder so für Euch.

Nun gibt es viele Studien, Statistiken und Reportagen über den Erfolg, oder besser das Ausbleiben desselben, wenn es um die schulische Ausbildung geht.

Selbstverständlich gibt es auch Ausnahmen, aber was die breite Masse angeht, so ist ein höherer Schulabschluss, welcher eine mögliche Karriere auf unseren wissensbasierten Arbeitsmarkt angeht, meist weder gewünscht, noch möglich, noch wird der dafür notwendige Ehrgeiz gezeigt.

Hinzu kommt, dass viele Familien es ihren Kindern verbieten sich zu integrieren sich mit deutschstämmigen zu treffen, und / oder sich den westlichen Gepflogenheiten, Sitten und Werten anzugliedern. Es wird allzu oft darauf beharrt, das alles Westliche böse, alles nicht muslimische böse, und natürlich auch die deutschen böse seien.

Zwar stellt man sich dann die Frage, warum diese Menschen hier sind, welche man aber schnell wieder verwerfen kann, denn es gibt hier Geld, Kleidung, Möbel und ärztliche Versorgung fürs Nichtstun. Mehr Gründe braucht man nicht.

Die in unserem Land bis vor wenigen Jahren selbstverständliche Kultur, unsere Sitten und Gebräuche, unsere Lebensweise werden verteufelt und als böse und unrein dargestellt.

Redefreiheit, Demokratie und vor allem auch die Gleichberechtigung von Mann und Frau sind Prinzipien, die viele dieser Menschen nicht gewillt sind zu akzeptieren, vor allem nicht, wenn es um ihre eigene Familie geht.

Kein Wunder, wenn man bedenkt, wie vehement viele dieser Dinge den Grundsätzen der Religion dieser Menschen widersprechen.

Wie der Focus im Januar 2018 berichtete, gab es eine Umfrage des kriminologischen Forschungsinstitutes Niedersachsen, in der junge Muslime nach ihren Ansichten gefragt wurden. Die Ergebnisse sind nicht bedrückend, sondern erschreckend.

Das Menschen anderer Religionszugehörigkeiten als dem Islam weniger Wert seien, stimmten 36 Prozent der befragten Muslime zu. Für den Islam zu kämpfen und sein Leben zu riskieren, fand 29 Prozent Zustimmung. Der Aussage, das die Scharia über den deutschen Gesetzen stünde wurde von 27 Prozent der Jugendlichen zugestimmt.

27 Prozent der jugendlichen Muslime würden also für den Islam kämpfen, haben den Glauben, dass nicht Muslime weniger Wert sind als Muslime, und stellen die Scharia über die deutschen Gesetze.

Bei (laut Schätzungen der Bundesregierung) knapp 5 Millionen Muslimen in Deutschland kann nun wohl jeder selbst hochrechnen, welches Gewaltpotenzial in dieser Umfrage verborgen ist.

Tilo Sarrazin schrieb in einem seiner Bücher, dass der durchschnittliche IQ von Migranten unter dem des durchschnittlichen Deutschen beziehungsweise

Westeuropäer liege.

Der Aufschrei über diese These, welche er mit verschiedenen Studien belegte, war groß Weniger groß war im Vergleich dazu, die Aufarbeitung der Informationen in der Presse. So sah zum Beispiel die FAZ einige der Aussagen Sarrazins bestätigt.

So zum Beispiel aufgrund der Heirat unter Verwandten, welche in der muslimischen Welt nicht nur nicht verpönt, sondern eine Selbstverständlichkeit ist. Der Prophet erlaubt diese ausdrücklich. Hat doch auch er selbst seine Cousine geheiratet, und seine Nachahmung ist einer der zentralen Bestandteile der dieser Weltanschauung.

In einem Bericht vom September 2010 schreibt die Zeit, dass Sarrazins Thesen mit dem Stand der modernen psychologischen Forschung vereinbar seien. So seien Ehen unter Verwandten in Afghanistan und Pakistan am häufigsten vorkämen, in muslimischen Ländern im Durchschnitt immerhin bei 32 Prozent liege. Verglichen mit unter einem Prozent in Westeuropa ist dies ein beachtlicher Unterschied.

Weiterhin wird in besagtem Bericht bestätigt, dass der IQ bei Kindern die aus einer solchen Ehe entstammen, im Durchschnitt um 3 Prozent niedriger sei, als im Landesdurchschnitt. Wenn man die Praxis des untereinander -verheiratens nun auf Generation nach Generation rechnet, würde dies in der Tat eine Absenkung des durchschnittlichen IQs bedeuten.

Kritisch für die Entwicklung der Intelligenz eines Menschen sind natürlich auch das Umfeld und die generelle Entwicklung. So sind die Traditionen des stupiden Auswendiglernens, eine mangelnde Aufforderung, sowie der unterdrückte Antrieb zum selbstständigen Denken, eine vehement autoritäre Erziehung, sowie die beinahe schon verleumderische Rejektion von Forschung, Wissenschaft und Moderne, durchaus wichtige Faktoren in der Entwicklung dieser Menschen.

Es ist für ein friedliches Zusammenleben unserer verschiedenen Kulturen unabdingbar, dass sich muslimische Vereine, Verbände, Gruppierungen und Imame von Gewalttaten distanzieren. Es ist unverzichtbar, dass Texte, die Gewalt gegen Nicht-Muslime gut heißen oder dazu aufrufen, gelehrt werden. Auch von diesen Texten müssen sich Imame, Gruppierungen Vereine und Verbände strikt distanzieren.

Geschieht dies nicht, dann wird diesen Dingen quasi stillschweigend zugestimmt und deren Richtigkeit bestätigt. Ein solches Verhalten ist nicht nur gefährlich, sondern auch unverantwortlich. Hier sind muslimische "Offizielle" sowie Geistliche in der Pflicht.

Der so oft hervorgebrachte Vergleich, dass in den vergangenen zwei Jahrtausenden viele Menschen im Namen Jesus Christus verunglimpft, verfolgt und ermordet wurden, ist hier unangebracht. Der Vergleich hinkt auf mehreren Ebenen.

Es ist natürlich absolut richtig, dass im Namen der Kirche viele Gräueltaten begangen wurden, und dass die Einstellung der Kirche auch heutzutage noch der tatsächlichen Jahreszahl hinter hinkt. Jedoch befinden wir uns im 21. Jahrhundert, und es finden keine Kreuzzüge mehr statt. Auch die Inquisition ist lange her. Aus diesen Dingen lässt sich genauso wenig eine generationenübergreifende Kollektivschuld ableiten, wie aus den Ereignissen der Jahre 1933 bis 1945.

So wie sich auch die Kirche von den "alten Unsitten" der Inquisition oder den Kreuzzügen (sexueller Missbrauch durch Priester gehört in ein anderes Buch) entfernt hat, so muss auch der Islam, beziehungsweise seine Geistlichen und jene anderen, die sich immer auf seine Aufgeschlossenheit, seine Friedfertigkeit und Toleranz berufen, wach werden und auch dementsprechend handeln.

Alle Beteuerungen, eine Glaubensrichtung sei friedlich, tolerant und aufgeschlossen bringen nichts, wenn man sich nicht von Terroranschlägen, Übergriffen, Gesetzesbrüchen und in den Schriften festgehaltene Aufforderungen zur Gewalt gegen Ungläubige distanziert ... und zwar klar und deutlich.

Die Einstellung der betreffenden Menschen muss sich ändern. Es darf nicht sein, dass von uns als den Einheimischen verlangt wird, dass wir Verständnis aufbringen müssen, dass ihre Gepflogenheiten nun einmal anders seien.

Wir müssen eben nicht akzeptieren, dass Mädchen zwangsverheiratet werden, dass Mädchen sozial und religions- rechtlich unter Jungen angeordnet sind, dass Bigamie erlaubt ist, um nur ein paar Beispiele zu nennen. Dies sind Dinge, die gegen unsere Gesetze, allen voran das Grundgesetz verstoßen, und das muss deutlich gemacht werden.

Unsere Gesetze gelten für alle hier lebenden Menschen, nicht nur für deutschstämmige Menschen. Daher darf es keine Toleranzgrenze und keinen

Toleranzbonus geben. Das würde bedeuten, dass bei der Anwendung geltenden Rechts mit zweierlei Maß gemessen wird. Das ist unannehmbar. Für jedes Volk, in jedem Land.

Andere Migrationsgruppen haben über die Jahre und Jahrzehnte keinerlei derartigen Forderungen gestellt, keine Sonderbehandlung verlangt. Seien es Italiener, Griechen, Spanier, Russlanddeutsche ... man hat sich integriert und angepasst, obwohl man seine eigene Kultur in teilweise nicht unerheblichem Maße beibehalten hat.

Obwohl in Deutschland (inklusive der nicht praktizierenden) circa 200.000 Juden in Deutschland leben, gibt es keine Forderungen, dass in jeder halbwegs größeren Stadt eine Synagoge gebaut werden muss, obwohl der jüdische Glaube fester in der deutschen Geschichte verankert ist, als andere. Trotz der knapp 300.000 in Deutschland lebenden Buddhisten, schreit man nicht nach Tempeln in jeder halbwegs größeren Stadt.

Gleiches gilt für die mehr als 2,2 Millionen orthodoxen Christen in Deutschland, die meisten von ihnen der Griechisch-Orthodoxen Kirche angehörend. Auch von dieser Seite gibt es keine Forderungen.

Der oft angebrachte Vergleich zu anderen Ländern, der seitens der politisch korrekten Schafe belächelt wird, ist im Grunde sehr zutreffend. Schauen wir uns an, wie es christlichen Menschen in hauptsächlich muslimisch geprägten Ländern ergeht. Hierzu gab es im Dezember 2009 einen Artikel in der WELT.

In Marokko zum Beispiel ist das Läuten der Glocken der wenigen Kirchen im Lande seit 1960 gesetzlich verboten, weil es als Werbung für den christlichen Glauben anzusehen sei. In den vergangenen Jahren wurden mehrere christliche Missionare ausgewiesen, weil ihre Arbeit gegen das Gesetz verstoße.

In Ägypten mussten Kirchen und Geistliche in der Weihnachtszeit durch Polizei und Militär geschützt werden. Diese Maßnahme wurde ergriffen, weil Übergriffe durch fundamentalistische Muslime befürchtet wurden.

Weiterhin erhalten Christen in Schadensersatzfällen lediglich 50 % der Entschädigungssumme, die ein Muslim erhalten würde. Bibeln sind verboten und auf den Übertritt vom Islam zum Christentum steht die Todesstrafe.

In Saudi Arabien gibt es über eine Million Christen. Diese haben jedoch im ganzen

Land nicht eine einzige Kirche. Die in Saudi Arabien lebenden Christen müssen, wenn sie an hohen kirchlichen Feiertagen einen Gottesdienst besuchen wollen, in die benachbarten Arabischen Emirate. Dort gibt es zumindest eine Kirche, wenn auch ohne Kirchturm, Glocke oder Kreuz.

In der Türkei, immerhin teilweise auf dem europäischen Kontinent und noch immer um eine Aufnahme in der EU buhlend, wurden viele Gotteshäuser vom Staat konfisziert. In der Türkei gelten Kirchen nicht als eigenständige Personen des Rechts und dürfen somit auch kein Eigentum erwerben. Das gilt zwar auch für die muslimischen Gemeinden, die jedoch vom Staat gefördert und finanziert werden.

Auch der Focus berichtete im April 2014 darüber, dass in der Türkei zwar rein rechtlich Religionsfreiheit herrsche, dass diese sich jedoch hauptsächlich nur auf die eigene Wohnung beschränke. Eine Religionsfreiheit mit Gottesdiensten in wirklichen Gemeinden gäbe es in der Türkei nicht. So würden beispielsweise auch protestantische Gruppen für die Einführung eines christlichen Religionsunterrichts an türkischen Schulen kämpfen, was jedoch nicht genehmigt würde, da der Islamunterricht an allen türkischen Schulen verpflichtend sei.

Grundsatz einer friedlichen Koexistenz verschiedener ethnischer oder religiöser Gruppen ist gegenseitiger Respekt, sowie eine klare Linie in Bezug auf das alltägliche Leben.

Gesetze müssen eingehalten werden, die Kultur des Gastlandes, oder der neuen Heimat, wenn man es so nennen will, muss nicht nur akzeptiert, sondern geachtet werden.

Das wird von Christen in islamischen Ländern verlangt, und es muss genauso auch in unserem Land gelten. Nun soll das nicht bedeuten, dass wir die zum Teil sehr mittelalterlichen Gesetze, die in jenen Ländern herrschen annehmen sollen, im Gegenteil genau darum geht es ja.

Wir leben in einer modernen Gesellschaft, haben sowohl in Glaubensfragen, als auch in politischer Sicht einen sehr langen Prozess durchlaufen, der sich über 1000 Jahre hingezogen hat. Wir können in keinster Weise einen Rückschritt in mittelalterliche Zeiten gut heißen, oder erlauben.

Wir dürfen auch nicht erlauben, dass eine Religionsgruppe sich mehr und mehr

Freiheiten herausnimmt, die unsere eigenen mehr und mehr einschränkt. Sei es durch Aufmärsche, Missachtung unserer Gesetze, oder andere Dinge.

"Toleranz ist die letzte Tugend einer untergehenden Gesellschaft", sagte nicht etwa, wie oft behauptet wird, Aristoteles, sondern Dr. James Kennedy, ein US-amerikanischer Pfarrer. Nun handelte es sich bei ihm auch nicht um einen einfältigen Mann, sondern um einen Mann der einen Masters in Theologie, welchen er "summa cum Laude" bestand, sowie über einen Doktor in Religious Education verfügte, den er von der University of New York erhielt.

Auch Wilhelm Busch hatte eine Meinung zur Toleranz ... "Toleranz ist gut, aber nicht gegenüber den Intoleranten." oder Erich Limpach "Man sollte Toleranz nie so weit treiben, dass die intoleranten Vorteile daraus ziehen."

Diesen Zitaten folgend äußerte sich auch Necla Kelek, eine türkischstämmige Soziologin, in einer Maischberger-Sendung vom Januar 2015.

Dort sagte sie, dass nach jedem Terroranschlag, nach jeder Gräueltat, die durch Islamisten verübt werde, die deutschen Politiker immer schnell dabei wären zu sagen, dass das alles nichts mit dem Islam zu tun habe.

Dabei kritisiert sie jedoch, dass sich die Politik nie darum gekümmert habe inwieweit dies eben doch mit dem Islam zu tun habe. Man habe nie mit den Imamen gesprochen, islamische Vereine unter die Lupe genommen, sich nie die Mühe gemacht die Umstände zu untersuchen.

Der Islam nehme es für sich heraus, Terror und Gewalt als akzeptable Mittel anzuwenden, und die Politik sehe dabei zu. Solange die Frage, wie viel Islamismus im Islam als solches stecke, solange würden sich die Menschen im Lande fragen, warum sie selbst diese Frage nicht offen stellen dürfen.

Auf die Frage, woher die Gewaltbereitschaft von Muslimen komme, sagte sie aus dass sie immer wieder überrascht sei, dass zum Beispiel PEGIDA kritisch betrachtet und untersucht werde. Das ein ähnliches Verfahren aber für islamistische Bewegungen völlig fehle. Es ginge immer nur um die "armen Migranten", statt die Probleme anzusprechen.

Das Organisationen wie die NPD untersucht würden sei richtig und verständlich jedoch habe sich nie eine Bundesbehörde weitreichend mit radikalen Muslimen beschäftigt. Noch nie seien Journalisten wirklich investigativ darauf eingegangen, warum manche Gruppierungen noch immer ihre Moscheen betreiben dürften, wenn es genau bekannt sei, dass sie gefährlich seien.

Frau Kelek sagte weiter aus, dass es in der islamischen Gesellschaft uralte, verankerte Strukturen gäbe, die auch heute noch legitimiert seien und auch so von den Geistlichen unterstützt würden. Beim Islam handele es sich um eine Unterwerfungsreligion, und wenn von jungen Männern diese Unterwerfung gefordert würde, dann sei es ein kleiner Schritt zur Gewaltbereitschaft.

Wenn wir nicht dafür sorgen würden, dass sich diese jungen Männer frei fühlen können, von Unterwerfung und altem Zwang, dann könne man auch nicht erwarten, dass sich diese jungen Männer dann mit Deutschland identifizieren.

Das Schlimme an der Situation in unserem Lande ist, dass mit der Intoleranz gegenüber bestimmten Personengruppen für mehr Toleranz geworben wird.

Wer tolerant ist, der muss dies auch gegenüber allen und jedem sein. Auch wenn die Meinung des anderen nicht der eigenen, politisch korrekten Meinung entspricht.

Es darf keine Sonderregelungen für eine einzelne ethnische oder religiöse Gruppe geben. Weder in puncto Gesetzesauslegung, in der Strafverfolgung, der Berichterstattung noch in Bezug auf die Judikative.

Bigamie ist Bigamie, und ist als solche in Deutschland verboten. Mädchen haben bei uns die gleichen Rechte, wie Jungs. Frauen die gleichen Rechte wie Männer. Laut Grundgesetz, und den Ausführungsgesetzen herrscht bei uns Gleichberechtigung.

Dafür haben Frauenrechtler sehr lange gekämpft. Traurig ist, dass es sogar einige derselben Frauenrechtler sind, die heutzutage den Sonderstatus einer religiösen Gruppe unterstützen, obwohl dieser einen Rückschritt ins politische Mittelalter der Unterdrückung der Frau bedeutet.

Normalerweise müsse aufgrund der Behandlung von Mädchen und Frauen durch die allermeisten, vor allem fundamentalistische Muslime, ein Aufschrei durch die Frauenrechtler gehen. Genau das ist aber nicht der Fall. Denn es ist schließlich "in", das alles gut zu heißen.

Integration heißt wie immer das Zauberwort. Das friedliche Miteinander derer, die hier ihre kulturellen und ethnischen Wurzeln haben, mit denen, die hier leben dürfen, ist durchaus machbar. Zeigen doch zum Beispiel italienische, griechische, spanische, asiatische (und natürlich manch andere) Menschen, aber auch viele der türkischen Gastarbeiter der 60er und 70er Jahre, dass es sehr wohl geht.

Wolfgang Bosbach (CDU) sagte in einem ZDF-Interview dazu, wenn Menschen von unterschiedlicher Hautfarbe, Nationalität und religiöser Überzeugung friedlich zusammenleben wollen, dann müssen alle die gleichen Regeln beachten. Sie müssten sich aber auch alle ernsthaft darum bemühen, die gleiche Sprache zu sprechen, und bei uns in Deutschland sei dies nun mal die deutsche Sprache, und keine andere.